5サイズの実物大型紙つき

美しシルエットのスカート

渡部サト

CONTENTS

page
- 02 裾レースのティアード
- 04 白リネンのカーゴポケット
- 05 台形のピンタック
- 06 ラップ風
- 07 リネンのサークル刺しゅう
- 08 ストライプの切り替えフレアー
- 09 スウェード調の切り替えフレアー
- 10 アップリケのセミフレアー
- 11 裾切り替えのステッチ
- 12 切り替えの膝丈Aライン
- 13 シルクチェックのロングAライン
- 14 リボンのたっぷりフレアー
- 16 ボックスプリーツ
- 17 サイドボタン
- 18 ヨークつきギャザー
- 19 8枚はぎの切りっぱなし重ね
- 20 デニムのファンシープリーツ
- 21 ジャージーの2段ティアード
- 22 ヨコはぎのスウェード調
- 24 ピンクのリボンチェックギャザー
- 25 ペイズリーのタックギャザー
- 26 ベンベルグのスカートをふたつ
- 27 ヨークつきロングプリーツ
- 28 リバティプリントのマーメイド
- 29 ポケットつきマーメイド
- 30 オックスのセミタイト

河出書房新社

 裾レースのティアード

裾にトーションレースをつけて、シックな黒をちょっぴりロマンティックに。いつもの生活にはもちろん、リゾートにもぴったりのスカートだと思います。直線裁ち＆直線縫いでできる簡単仕立て。

How to 37ページ

白リネンの
カーゴポケット

上質なイタリア製リネンで作った前ジッパーのロングスカート。大好きなカーゴポケットをつけて、少しだけ活動的な雰囲気にしました。ポケットやベルトの片面に使ったサテンのリボンもポイントです。

How to ××××××××× 38-39ページ

台形のピンタック

腰ではくようにするとシャープできれいなシルエットが出ます。ヒップはジャストサイズを選ぶのがポイント。薄い生地で作る時は、タックの幅を調節したり、中に芯を入れるといいと思います。

How to ×××××××××××××××××× 40ページ

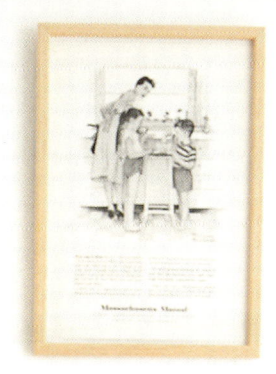

ラップ風

前中心を切り開いて作るラップ風のスカート。筒状のスカートの中に体を入れて、ウエストをひもで結びます。本当は縦ストライプの生地ですが、横地で裁ってボーダーにしました。

How to　41ページ

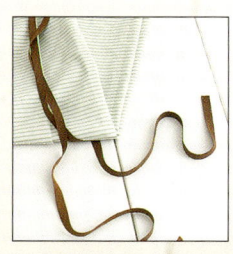

E リネンの サークル刺しゅう

このチャコールブラウンはリネンそのものの色。コットンの手編み糸で刺しゅうをしました。やわらかな素材で作ると、腰のあたりがバイアスになるので、はくとかすかなチューリップラインに。

How to　44ページ

ストライプの切り替えフレアー

さり気なく凝ったフレアースカートを目指して、ヨークは斜めに、左前には切り替えを入れました。生地は「ベンベルグ」という裏地です。布目をいろいろに遊んでみるのも面白いと思います。

How to 42-43 ページ

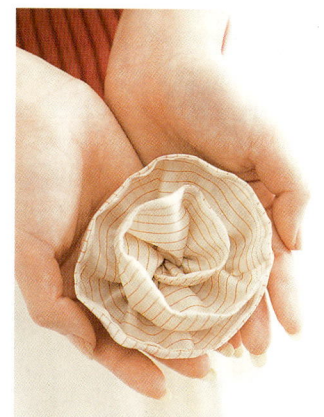

G スウェード調の切り替えフレアー

Fと同じパターンの変形フレアーを「ラムース」というスウェード調の合成皮革で作ってみました。この素材は切りっぱなしOKなので、縫い代始末もなくてラクチンです。

How to 42-43 ページ

アップリケの セミフレアー

ボリューム控えめのフレアーに、同素材の茶色でポケット風の丸アップリケを。ウエストと裾も同じフラノでパイピングしています。アップリケのまわりを刺しゅうで押さえてもかわいいと思います。

How to ×××××××××××× 45 ページ

I 裾切り替えのステッチ

基本の形はHと同じ。裾に直線の別布をつけて、はいた時のシルエットが少しすぼまる感じにしました。ポイントはやっぱり裾布のステッチ！ 手作り魂が燃えるスカートではないでしょうか？

How to ✕✕✕✕✕✕✕✕✕✕✕✕✕✕✕✕✕ 46ページ

J 切り替えの膝丈Aライン

切り替えや前合わせが魅力の個性派Aライン。裾の角丸は切りっぱなしで仕上げるから、裁断は慎重に！ 生地は水洗いOKの合成皮革。ソフトな手触りが気持ちいい素材です。

How to 47ページ

 シルクチェックの
ロングAライン

Jのロングバージョン。きれいなAラインのシルエットだから、思いきってシルクを奮発。前端から裾はパイピング処理。白いラインが効いていると思いませんか？
How to xxxxxxxxxxxxxxxxxxxxxx 48ページ

リボンの たっぷりフレアー

ちりめんの質感に惹かれて作ったチャレンジの1枚。ちりめんの落ち感が意外にもフレアーと好相性。リボンを引けばボリューム感も自由自在。タイトなシルエットも楽しめます。

How to　　　　　　　　　49ページ

ボックスプリーツ

レースと白無地の2枚重ね。ウエスト処理と陰ひだ部分は白無地のみでキリリとした印象に。スカートと陰ひだは、たとえば「チェックとドット」など、異なる柄を組み合わせるのがオススメです。

How to ⨯⨯⨯⨯⨯⨯⨯⨯⨯⨯⨯⨯⨯⨯⨯⨯⨯⨯⨯⨯⨯ 50ページ

 サイドボタン

左右にボタンがずらりと並んだ彼女は、横顔がチャーミング。色違いのボタンを配してポップに仕上げるのもユニークかもしれません。玉縁ポッケも忘れちゃいけないチャームポイントです。

How to 51ページ

ヨークつきギャザー

スカート部分は直線裁ち＆直線縫い。凝った生地に一目惚れした、お気に入りの1枚です。このプレーンな形は、どんな生地で作っても素敵に仕上がると思います。

How to　　　　　　　　　　　　　52ページ

8枚はぎの 切りっぱなし重ね

「切りっぱなし」大好きです。縫い代始末がいらないうえに、デザイン力が高まって。ダブルステッチなら、クリーニングもへっちゃらだと思います。ステッチはあえて違う色を選んでアクセントに。
How to ××××××××××× 53ページ

デニムの ファンシープリーツ

前には1ケ所、後ろには3ケ所のファンシープリーツを入れました。タックをとるだけでもキュートだと思いますが、ファンシープリーツにすると表情がよりアップします。

How to ✕✕✕✕✕✕✕✕✕✕✕✕ 54ページ

A ジャージーの2段ティアード

可憐度満点！はきやすさ満点！のスカート。ティアード
スカートは直線縫いでできるのも魅力です。ギャザーの
分量はお好みで調節してもいいでしょう。

How to　　　　　　　　　55 ページ

 ヨコはぎのスウェード調

配色が決め手の段々スカート。切りっぱなしOKの合成皮革で作りましたが、普通の生地でももちろんきれいに仕上がります。その時は、同じように重ねてダブルステッチか、一般的なはぎ方で。

How to ×××××××××××××××××××× 56ページ

ピンクの
リボンチェックギャザー

テープをたたいてチェック模様を表現。はりのあるコットン素材だから、夢見るようなふんわりスカートに仕上がりました。ウエストはゴムにしても簡単。

How to　　57 ページ

ペイズリーの タックギャザー

ソフトタックのギャザースカートは、生地次第でエレガントなイメージに。裾のテープはよそいき顔に変身させるテクニック。手持ちのスカートにも応用できます。

How to ×××××××××××××× 58ページ

 ベンベルグの
スカートをふたつ

生地はすべて「ベンベルグ」という裏地。
和やハワイアンテイストの柄が珍しいし
きれいだなと思って、2種類作ってし
まいました。夏が待ち遠しくなるようなス
カートです。

How to ××××××××××× 59ページ

ヨークつき ロングプリーツ

子供の頃からプリーツには目がない私。このスカートは、きっと使える1枚になると思います。ヨークつきだから、腰まわりもすっきり。ポイントに飾りのフラップをつけました。

How to 60ページ

リバティプリントの
マーメイド

女らしいロングのマーメイドは、由緒正しいリバティプリントでどうですか？ コーディネイトはラフに、カジュアルにまとめるのがいいと思います。

How to ×××××××××× 61ページ

 ポケットつきマーメイド

マーメイドスカートを膝が隠れるくらいの上品な丈で。
足がすらりと見える長さです。Dかんつきのポケットが
ポイントですが、お好みで外してもOKです。

How to ✕✕✕✕✕✕✕✕✕✕✕✕✕✕✕✕✕✕✕ 62ページ

オックスのセミタイト

シンプルでカジュアルなスカートはいくつあっても嬉しいもの。いろいろな生地で、丈で、何枚も作ってみてはどうですか？ ポケットがたくさんついた、機能派です。

How to　　　　　　　　　　　63 ページ

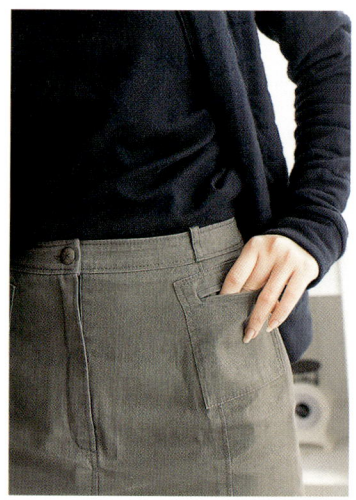

Fシリーズ

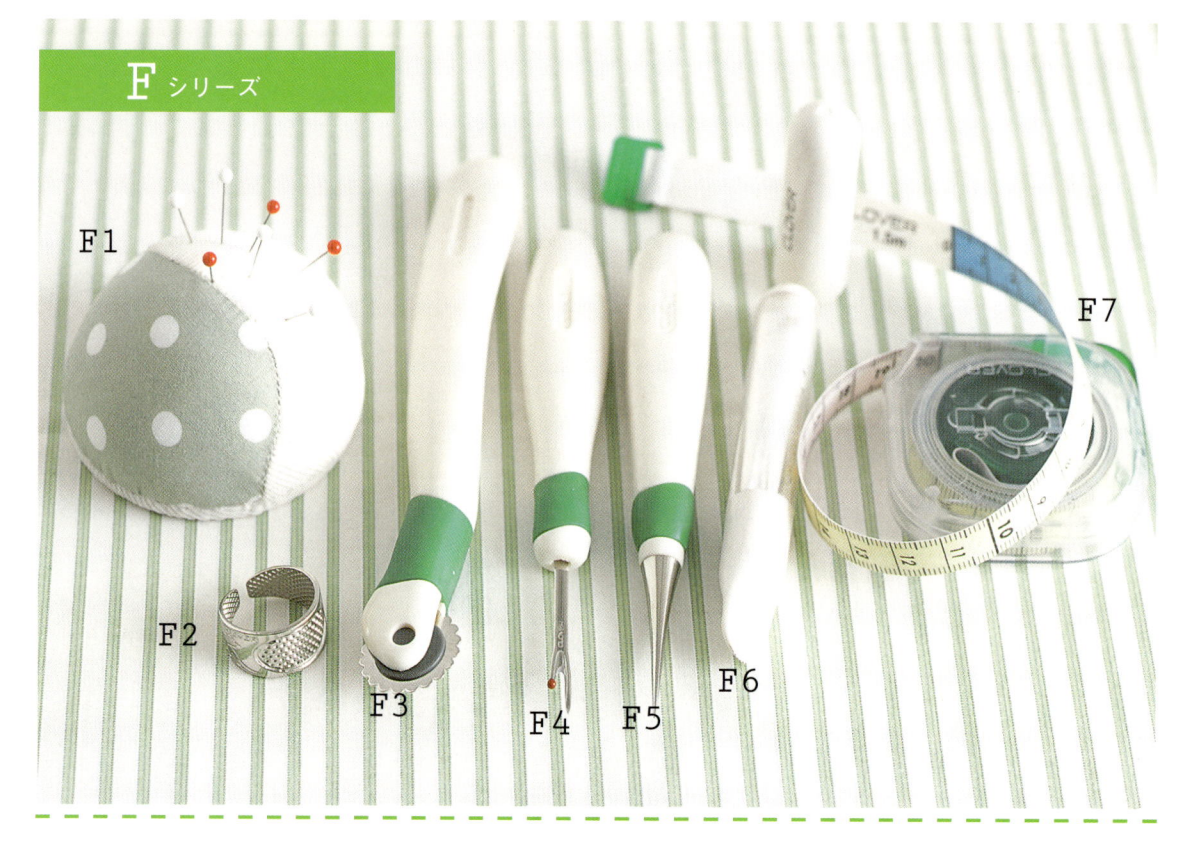

F1 F2 F3 F4 F5 F6 F7

基本の用具と便利な道具

01. 02. 03. 04.

05. 06. 07. 08.

Fシリーズ

F1
F－色分けピンクッション
ぬい針や待針の種類に応じて刺しておくと、使い分けが便利。中綿はシリコン加工してあり、針のさびを防止し、布通しをスムーズに。473円

シルク待針
頭がガラス製の極細タイプ。薄地に最適です。100本入/525円

F2
F－おしゃれ指ぬき
指に密着しないように裏側をメッシュ加工して、快適な使い心地を工夫。針を安心して押せる縁付。フリーサイズ。420円

F3
F－ソフトルレット
握りやすく指先の安定感が抜群のグリップ。力を効率よく伝え、軽い力できれいなラインを写すことができます。735円

F4
F－リッパー
ペンのように持っても、全体を握って持っても手にフィットして疲れにくい設計。転がりにくい形状で先端保護キャップ付。525円

F5
F－なめらか目打
布の繊維をひっかけない、先が丸くなめらかな目打ち。袋物の角出しやミシンの布送りのときなど、作業がスムーズに。735円

F6
F－チャコライナーペン型
持ちやすい長さと太さと角度、定規に沿って引きやすい、パウダーの残量が見える、補充はカートリッジ交換で手間を省略、滑らかな書き味など、機能性を追求。4色（ホワイト、ブルー、イエロー、ピンク）/各683円

F7
F－カラフルオートメジャー
片面が10cm毎に3色に色分けしてある、目盛りの見やすい1.5mメジャー。収納ボディはスケルトンで、ボタンを押すと巻き取れます。630円

01.
カッティングマット〈特大60〉
カッターで生地などを切るときに便利な下敷き。60cm×45cm。1,575円

パッチワーク定規SE
ステンレスエッジ付なので、定規を傷めずに布をカット。1mm単位で平行線を引くことやカットすることができる1mmピッチの縫い代目盛り付。50cm/2,100円。30cm/1,260円。20cm/1,050円

ロータリーカッター
斜めに開く刃のカバーで、ハンドルを寝かせても立ててもきれいにカットできます。持ちやすいハンドル、左手でも使える親切設計。ボタンによって保護カバーが開閉するので安全。45mm/1,365円、28mm/945円

02.
布切ステンレスはさみSR-240
高級ステンレス鋼を使用。厚い布も薄い布もスムーズにカットできます。3,990円

糸切はさみ「ブラック」（黒刃）
グッドデザインに選ばれたヒット商品。伝統的なにぎりはさみの形状を活かし、シャープな切れ味と耐久性を実現。刃先がきっちりと合う正確な仕上げ。893円

03.
ハトロン紙
折り目がないので線がきれいに描け、無駄なく使えるロールタイプ。473円

ファブリックウェイト
実物大型紙をハトロン紙に写す時や型紙に合わせて布をカットする時に便利。積み重ねて重さを調節することができます。2個入り。1,365円

04.
チャコピー 両面
左右対称の型紙を複写する時に便利。4色（白、青、黄、赤）・各700×270mm/各525円

05.
アイロン定規
裾上げや三つ折りなど、布の折り返しを手早く簡単にすることができます。角丸はポケットの丸みにも対応。788円

スライドゲージ・T
スライド式で便利な多機能ゲージ。縫い代や裾上げ・タック・プリーツ・ボタンホールの印つけ、コンパスの代わりに。840円

どこでも定規
ミシンや机に貼っておくと、ボタンやひもの寸法、縫い位置などの確認が手軽に。裏側は貼る・はがすがきれいにできる粘着タイプ。368円

06.
デスクスレダー
細い針も太い針も1箇所に差し込み、1つのボタンを押すだけで糸通しが可能に。ソーイングやパッチワークのほとんどのクロバーぬい針（太さ0.51〜0.89mmのだ円穴針）に糸通しができます。1,575円。

07.
クロバー段織ゴムベルト
スカート、スラックスに型崩れしにくいゴムベルト。3種（20mm、25mm、30mm）各2色（白、黒）・各100cm巻/各368円

接着インサイドベルト
スカートやズボンのベルト芯に。3種（25mm、30mm、40mm）・各100cm巻/各284円

熱接着両面テープ
テープをアイロンで簡単に接着できる、くもの巣状の熱接着テープ。ファスナーつけの三つ折りの仮り止めなどに便利。2種（5mm、10mm）・25m巻き/各473円

伸び止めテープ　白
表地の風合いを損なわない、ニットタイプの伸び止めテープ。テープ状なので、カットしてすぐに使用可能。適度に伸縮性があるため、織物テープのように平とバイアスを使い分ける必要がありません。2種（10mm、15mm）・25m巻き/各683円

08.
薄型ホック
バネ機構でしっかりとまる、スリムな形の小型前かん。細幅のウエストのスカートなどに。2色（白、黒）・1個5組入/各347円

スプリングホック
衿あきやファスナー部分に、さびないホック。2色（ニッケル、黒ニッケル）・1袋24組入/各210円

＊価格は2005年3月現在の希望小売価格（税込み）です。
＊このページに紹介した商品に関するお問い合わせは、下記へお願いいたします。

クロバー株式会社「お客様係」　tel.06-6978-2277
〒537-0025　大阪市東成区中道3-15-5
ホームページ　http://www.clover.co.jp

実物大型紙の使い方

採寸

ヌードサイズは下着の上から測ります。測り方は、締めすぎず、ゆるめすぎないことが大切です。

■ ウエスト寸法→胴の一番細い部分で、テープメジャーを水平に1周させます。

■ ヒップ寸法→腰の一番太い部分で、テープメジャーを水平に1周させます。

■ ヌードサイズ表

	7号	9号	11号	13号	15号
ウエスト	61	64	67	70	73
ヒップ	88	92	95	98	101

＊単位はcm

型紙の選び方

実物大型紙は7号、9号、11号、13号、15号の5サイズ。スカート丈はすべて共通です。
また、スカート丈にはベルト分が含まれています。
正しく採寸したら、ヌードサイズ表を目安に、自分にもっとも合う型紙を選んでください。

型紙の作り方

実物大型紙は、切り取らずに製図用紙に写して使います。製図用紙は、ハトロン紙などお好みのものを使ってかまいませんが、透けるものと透けないものでは写し方が異なるので注意してください。
また、ベルトなどの四角い型紙は、作り方ページの「裁ち合わせ図」の中に寸法表示がしてあります。直接、製図用紙に指定寸法で型紙を作ってください。

■ 透ける製図用紙の場合

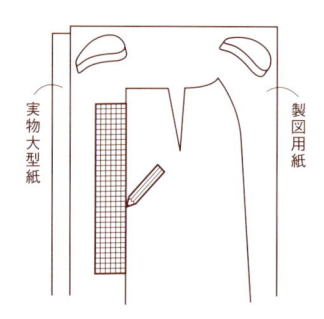

■ 透けない製図用紙の場合

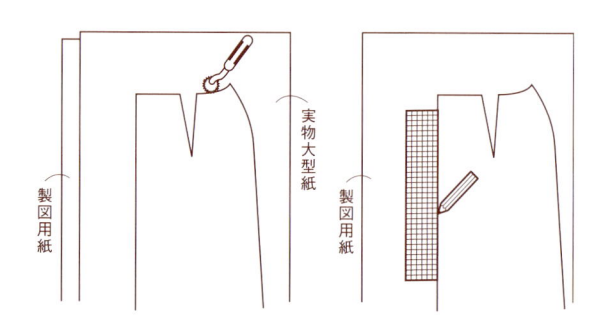

実物大型紙の上に製図用紙を重ね、ずれないようにファブリックウエイトなどを置いて描き写します。直線部分は定規を使い、正確に写します。曲線はカーブ尺を使うと便利です。

製図用紙の上に実物大型紙を重ね、ルレットで型紙の線をなぞります。すべてを写し終えたら実物大型紙を外し、製図用紙に残ったルレットの跡を鉛筆で描き直します。または印つけの要領で、チャコペーパーを使ってもいいでしょう。

How to Lesson

縫い代のつけ方

実物大型紙に縫い代は含まれていません。
製図用紙に写す段階で、縫い代をつけておくと便利です。
裁ち合わせの時にも生地の無駄を出すことがなくなります。
縫い代は作り方ページの「裁ち合わせ図」に従ってつけていきます。
本誌では、基本の縫い代を1cmに設定。それ以外は（　）内の数字が縫い代です。

型紙サイズの直し方

体型は、必ずしも型紙通りのバランスではないと思います。
実物大型紙を部分的に訂正することも可能なので、自分サイズの型紙を作ってみるといいでしょう。

■ **ウエストの調節**

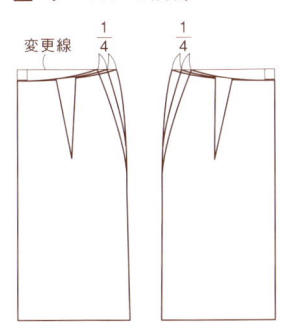

前後中心と直角になるように変更線を入れます。変更線から増やしたい寸法の4分の1を外側に出し（減らしたい場合は内側に入れ）、ヒップラインのあたりでなだらかにつながるように、脇線を引き直します。

■ **ヒップの調節**

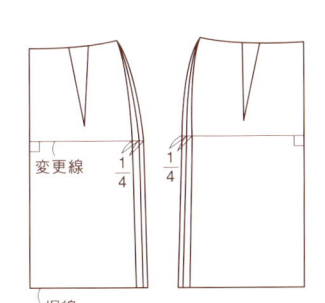

前後中心と直角になるように変更線を入れます。変更線から増やしたい寸法の4分の1を外側に出し（減らしたい場合は内側に入れ）、ウエストラインからヒップラインまではなだらかに、裾まではもとの脇線と平行になるように脇線を引き直します。

■ **丈の調節**

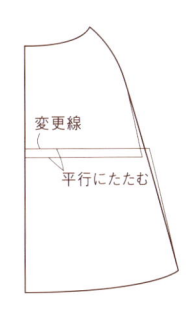

シルエットに影響がない場合は、裾で長く（あるいは短く）してスカート丈を変更します。セミフレアースカートなど、シルエットの印象が変わってしまうものは、型紙の中間あたりに変更線を入れ、たたんだり切り開いたりしてから脇線をきれいに結び直します。

記号の見方

実物大型紙、作り方ページにはさまざまな記号が使われています。記号には意味があり、洋裁をするうえでのルールが含まれています。右記を参考にスカート作りを進めてください。

- でき上がり線
- 見返し線 
- 「わ」に裁つ線 
- 等分線。さらに符号（●、○）をつけることもあります。 
- 合印。2枚の布がくい違わないように印と印を合わせてつけます。 
- つき合わせの印。型紙をつき合わせて裁ちます。 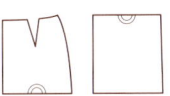
- タック。傾斜の方向はタックの方向。この図では、左が上になります。
- 直角の印。作図をするときの案内になります。
- 布目線。矢印の方向に布の縦地を通します。

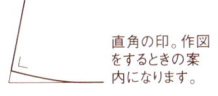

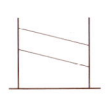

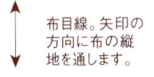

How to Lesson

ウエスト始末

■かぎホックのつけ方（薄型ホック）

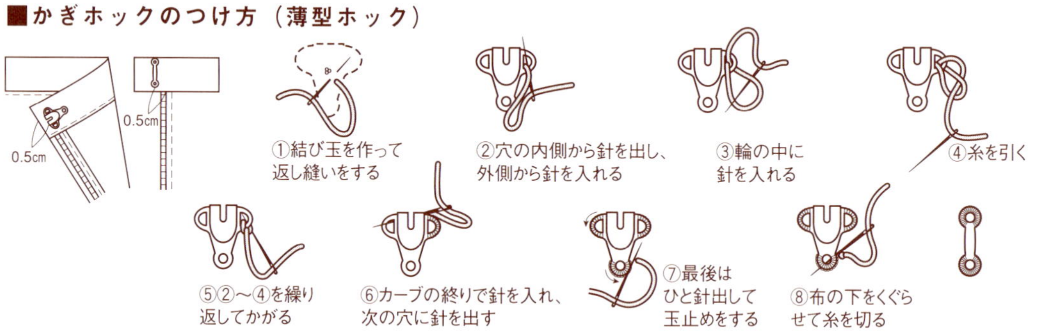

0.5cm　0.5cm

①結び玉を作って返し縫いをする
②穴の内側から針を出し、外側から針を入れる
③輪の中に針を入れる
④糸を引く
⑤②～④を繰り返してかがる
⑥カーブの終りで針を入れ、次の穴に針を出す
⑦最後はひと針出して玉止めをする
⑧布の下をくぐらせて糸を切る

■かぎホックのつけ方（スプリングホック）

0.3cm　　針を入れる

図のようにかがる　　2～3度糸を渡す

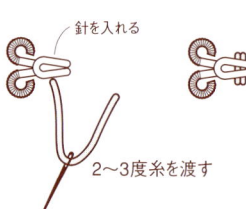

■ボタンのつけ方

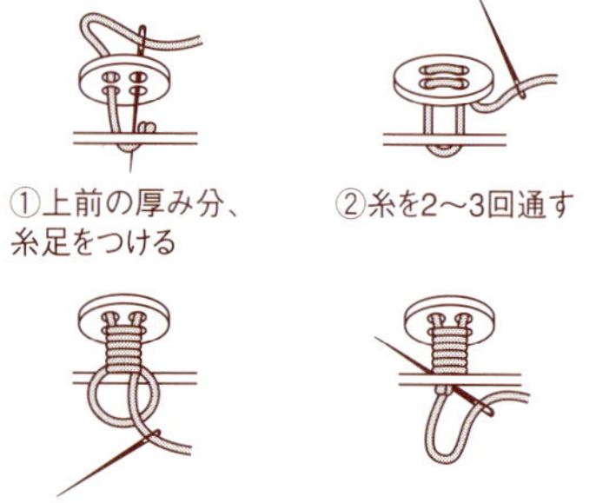

①上前の厚み分、糸足をつける
②糸を2～3回通す
③すき間なく巻いて一度しばる
④裏で結び玉を作り、表に出して糸を切る

■ボタンホール

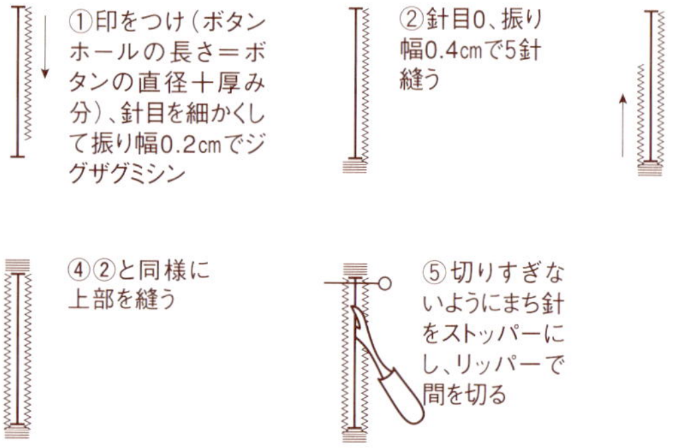

①印をつけ（ボタンホールの長さ＝ボタンの直径＋厚み分）、針目を細かくして振り幅0.2cmでジグザグミシン
②針目0、振り幅0.4cmで5針縫う
③①と同様にもう片側を縫う
④②と同様に上部を縫う
⑤切りすぎないようにまち針をストッパーにし、リッパーで間を切る

縫い代の始末

指定以外の生地の縫い代は、ほつれないように始末をします。「縫い代を割る」とは開いた状態にすることで、「片返す」とは一方向に倒すことです。

本誌では基本の縫い代を1cmに設定し、指定以外はロックミシン、またはジグザグミシンで始末します。好みの縫い代始末を選んでください。

■ジグザグミシン

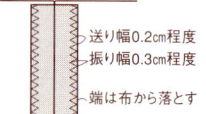

送り幅0.2cm程度
振り幅0.3cm程度
端は布から落とす

ほつれにくい生地に適した縫い代始末。ロックミシンがない場合はジグザグミシンでも充分に対応可能

■ロックミシン

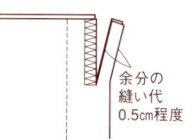

余分の縫い代0.5cm程度

生地をかたく縫い合わせる。布端を切りながら縁かがりをするので、あらかじめ多めに縫い代をつけておく場合もある

■三つ折り

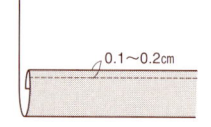

0.1～0.2cm

布を3つに折ってステッチをかける。その幅は0.3～0.5cmのものから4cm以上あるものまで多様。裾などに使われる

■二つ折り

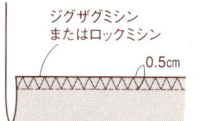

ジグザグミシンまたはロックミシン　0.5cm

布端にロックミシン、またはジグザグミシンをかけてから2つに折り、ステッチをかける

A 裾レースのティアード

■ 材料
- 布地…ドビーワッシャー（サンウェル）106cm幅×136cm
- ゴムベルト…段織30mm幅の黒（クロバー 27-828）ウエスト寸法×0.9＋2cm
- トーションレース…黒の2cm幅をヒップ寸法×2＋2cm

■ スカート丈／73cm

photo → p.2-3

■ 縫い方順序
1. 各段の両脇を縫う(p.55参照)
2. 各段を縫い合わせる
3. 裾にレースをつける
4. ウエストの始末をし、ゴムベルトを通す

● 裁ち合わせ図
（　）内は縫い代、指定以外は1cm

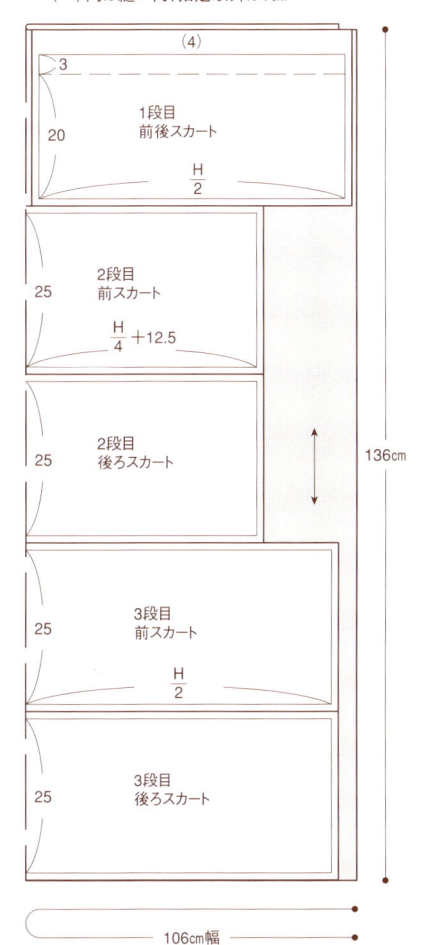

- 1段目 前後スカート：20、(4)、H/2
- 2段目 前スカート：25、H/4＋12.5
- 2段目 後ろスカート：25
- 3段目 前スカート：25、H/2
- 3段目 後ろスカート：25
- 106cm幅、136cm

2. 各段を縫い合わせる

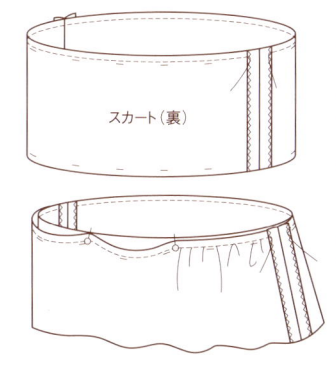

スカート（裏）

① 下側になるスカートにギャザー寄せミシンをかける
② 上下スカートそれぞれ等分に印をつけ、印を合わせて待ち針で止める
③ ギャザー寄せミシンの糸を引いてギャザーを均等に寄せ、縫い合わせる
④ 縫い代は2枚一緒にロックミシンをかけて上側に倒し、表からステッチをかける

3. 裾にレースをつける

（裏）

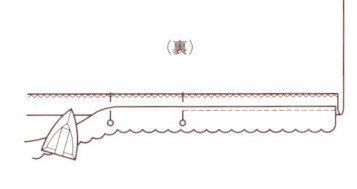

裾をでき上がりに折り、レースを仮止めしてミシンで縫う

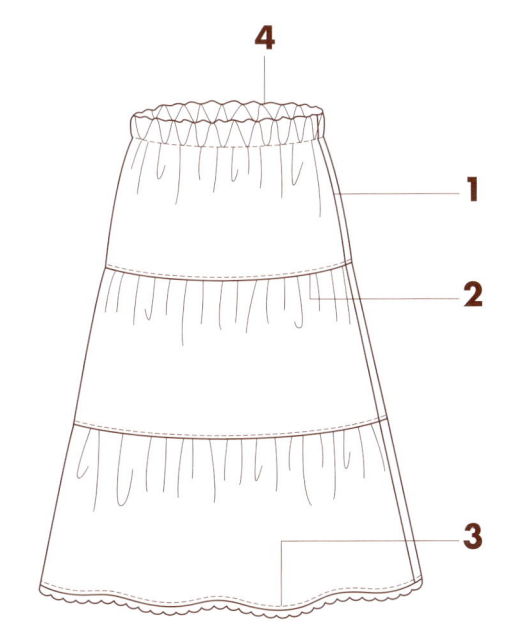

4. ウエストの始末をし、ゴムベルトを通す

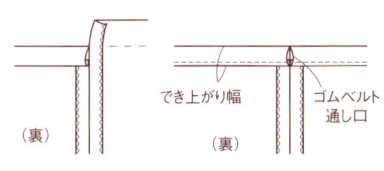

（裏）　でき上がり幅　ゴムベルト通し口　（裏）　（裏）

① 縫い残した部分（ゴムベルト通し見返し）をでき上がりに折り、アイロンをかける
② ゴムベルト通しのでき上がり幅にミシンをかける
③ ゴムベルトを通し、端は1cm重ねて縫い止める

37

白リネンのカーゴポケット

■ 材料
布地…ピュアリネン（ホビーラホビーレ）107cm幅×183cm
接着芯…92cm幅×20cm
伸び止めテープ…15mm幅（クロバー 77-941）を180cm
オープンファスナー…84cmを1本
サテンリボン…オフホワイトの3.5cm幅をウエスト寸法＋130cm

■ スカート丈／85cm

photo → p.4

■ 縫い方順序
1. ダーツを縫う
2. 脇を縫う
3. ポケットをつける
4. フラップをつける
5. 裾の始末をする
6. ファスナーをつける
7. 見返しをつける
8. ベルト通しをつける
9. ベルトを作る

● 裁ち合わせ図
（　）内は縫い代、指定以外は1cm
▨は接着芯、▨は伸び止めテープを貼る

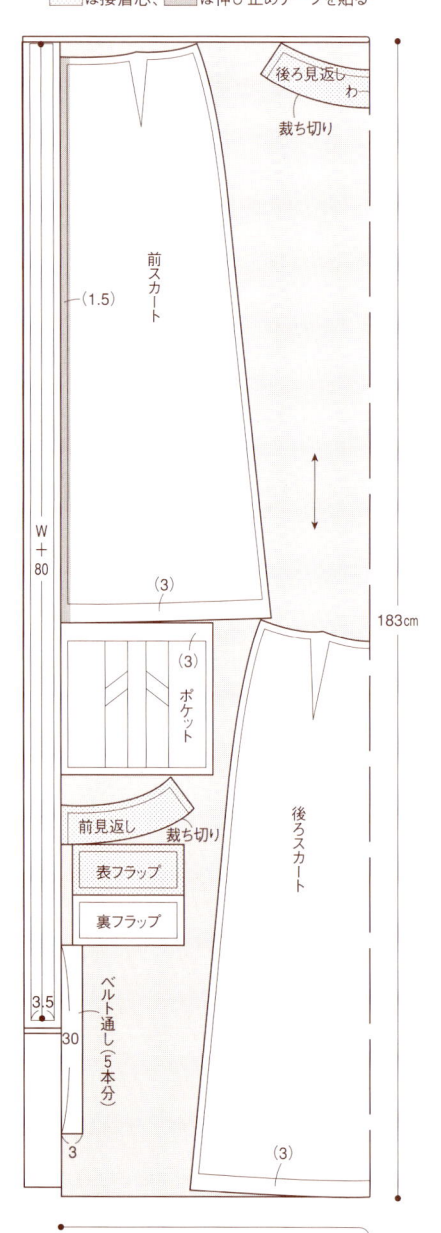

1. ダーツを縫う

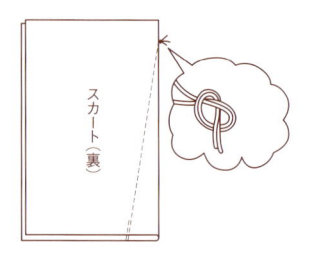

中表に折ってダーツを縫う
先端は2～3回結び、余分な糸を切る
中心側に倒してアイロンで押さえる

2. 脇を縫う

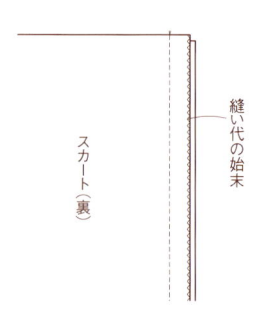

前後スカートを中表に合わせて脇を縫い、縫い代を割る

3. ポケットをつける

①ポケットにサテンリボンを縫いつける

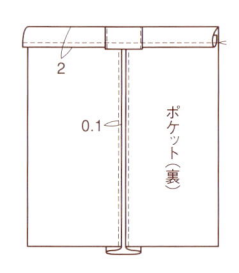

②ひだ奥を縫い、口を三つ折りにしてステッチをかける

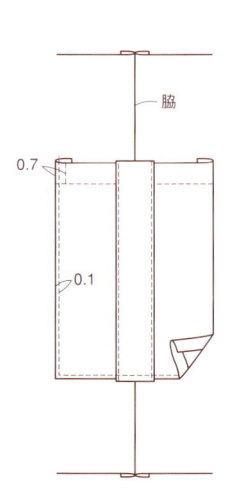

③まわりをでき上がりに折ってスカートにつける

4. フラップをつける

①表裏フラップを中表に合わせて縫う

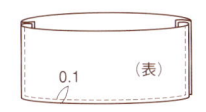

②表に返し、ステッチをかける

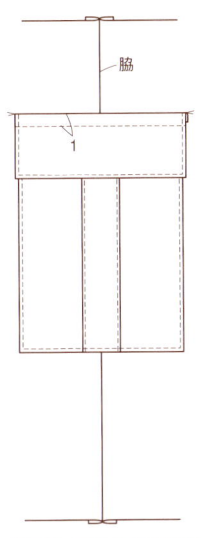

③フラップを上向きに置いて中縫いし、下側に倒してステッチで押さえる

6. ファスナーをつける

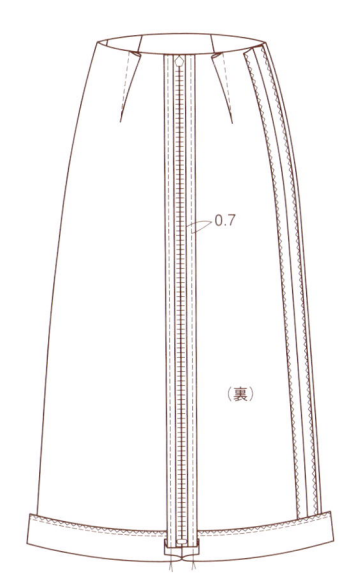

8. ベルト通しをつける

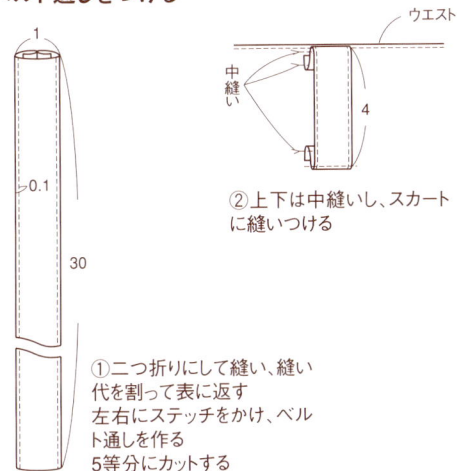

①二つ折りにして縫い、縫い代を割って表に返す
左右にステッチをかけ、ベルト通しを作る
5等分にカットする

②上下は中縫いし、スカートに縫いつける

9. ベルトを作る

リネンをでき上がりに折り、サテンリボンを置いてステッチをかける

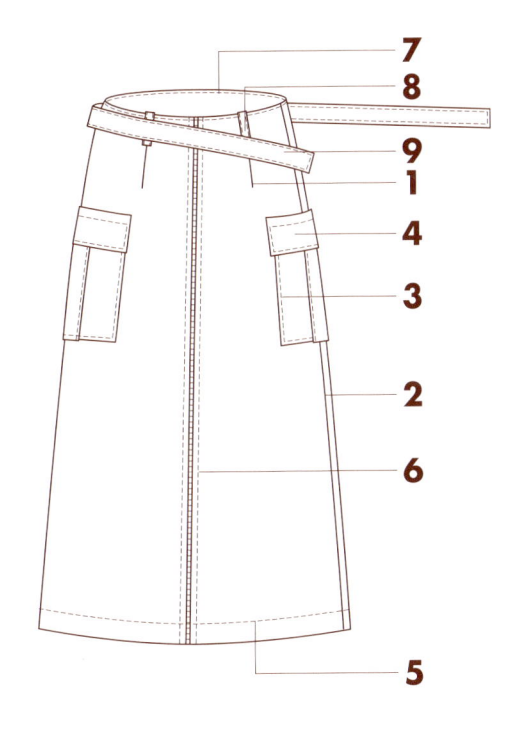

方眼定規

適度な柔軟性をもつソーイング定規。濃い色の生地の上でも目盛りがみやすく、45度の角度で正バイアスを簡単に引くことが可能。30cm/840円、50cm/1,050円（クロバー）

C 台形のピンタック

photo → p.5

■ 材料
布地…ストレッチデニム(サンウェル)127cm幅×156cm
伸び止めテープ…15mm幅(クロバー 77-941)を42cm
コンシールファスナー…20cmを1本
かぎホック…スプリングホックのニッケル(クロバー 27-326)1組

■ スカート丈／70cm

■ 縫い方順序
1. 脇を縫う
2. ファスナーをつける(p.43参照)
3. ピンタックを縫う
4. ウエストの始末をする
5. 裾の始末をする
6. かぎホックをつける(p.36参照)

●裁ち合わせ図
( )内は縫い代、指定以外は1cm　■は伸び止めテープを貼る

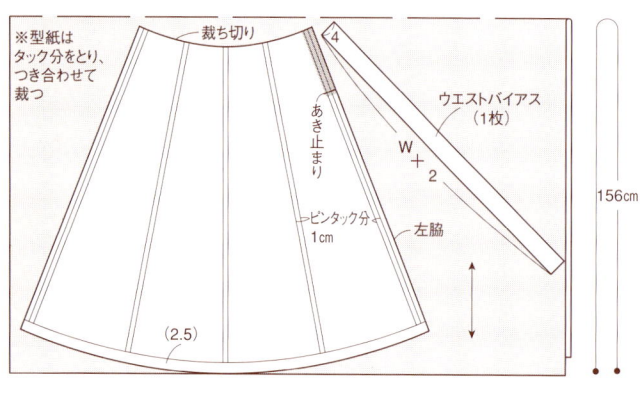

※型紙はタック分をとり、つき合わせて裁つ

裁ち切り
あき止まり
ウエストバイアス(1枚)
W+2
ピンタック分 1cm
左脇
(2.5)
127cm幅
156cm

1.脇を縫う
(裏)
あき止まり

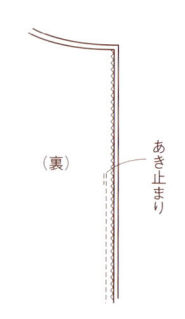

前後スカートを中表に合わせて脇を縫う
左脇はあき止まりまで縫う

3.ピンタックを縫う
(表)
0.5

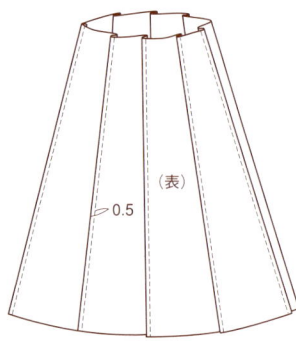

タック分をつまみ、ミシンをかける
※生地によっては中に芯や毛糸を入れたり、タックの分量を調節する

4.ウエストの始末をする
(表)

①スカートとウエストバイアスを中表に合わせて縫う
※タックは中央でつぶすようにたたんで縫う

②バイアステープを表に返し、スカートをくるむようにして整える
表からミシンをかける

5.裾の始末をする
(裏)

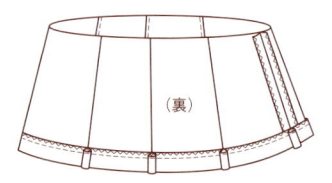

ウエストと同様に、タックを中央でつぶすようにたたみ、裾の始末をする

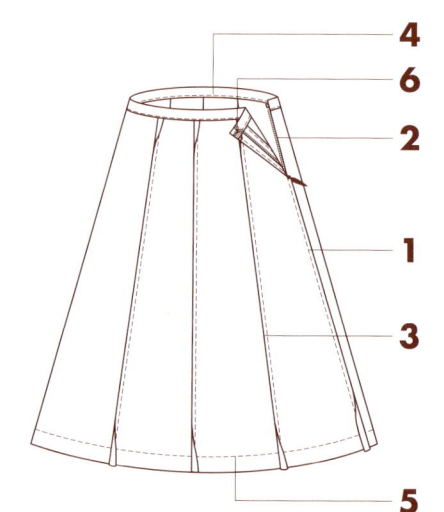

4
6
2
1
3
5

D ラップ風

photo → p.6

■ 材料
布地…テンダーファブリック(ホビーラホビーレ)112cm幅×2m
接着芯…90cm幅×15cm
皮革テープ…茶色の1.5cm幅をウエスト寸法+180cm
綿テープ(内ひも)…生成の1cm幅を85cm

■ スカート丈／80cm

■ 縫い方順序
1. ダーツを縫う
2. 脇を縫う
3. 裾の始末をする
4. リボンをつける
5. 内ひもを挟んで見返しを縫う
6. 見返しをつける

●裁ち合わせ図
( )内は縫い代、指定以外は1cm　　　は接着芯を貼る

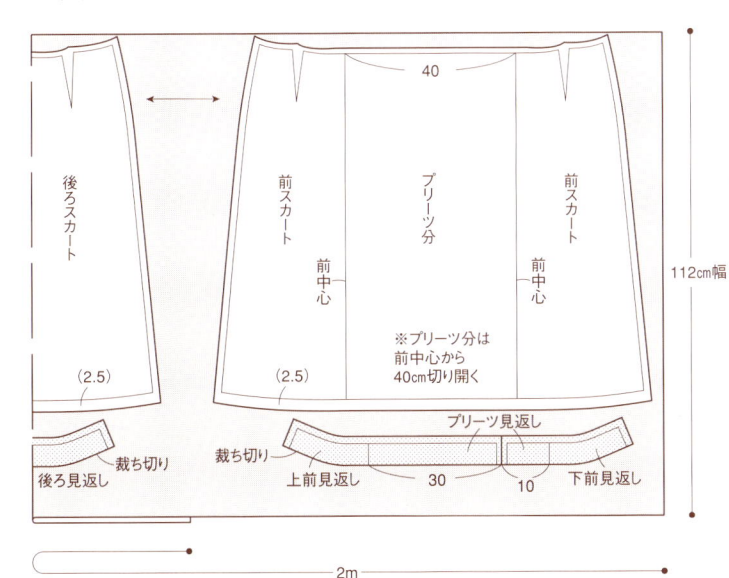

後ろスカート / 前スカート / 前中心 / プリーツ分 / 前スカート / 前中心
40
(2.5)　(2.5)
※プリーツ分は前中心から40cm切り開く
112cm幅
2m
後ろ見返し / 裁ち切り / 上前見返し / プリーツ見返し / 下前見返し
30　10
裁ち切り

1.ダーツを縫う
後ろ(裏)
中表に折ってダーツを縫い、中心側に倒してアイロンで押さえる
先端は糸を2〜3回結び、余分な糸を切る

4.リボンをつける
熱接着両面テープ　90cm
上前端　　左脇

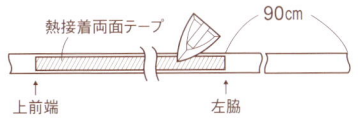

①リボンの裏面に熱接着両面テープを貼る
※熱接着両面テープはスカートに縫いつける部分にだけ貼る

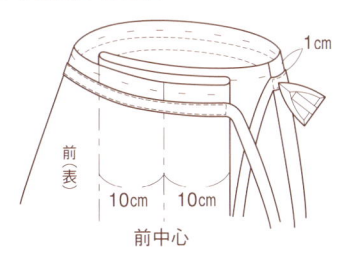

前(表)　1cm
10cm　10cm
前中心

②ウエストのでき上がりから1cm下にリボンを貼り(または仮止めし)、縫いつける

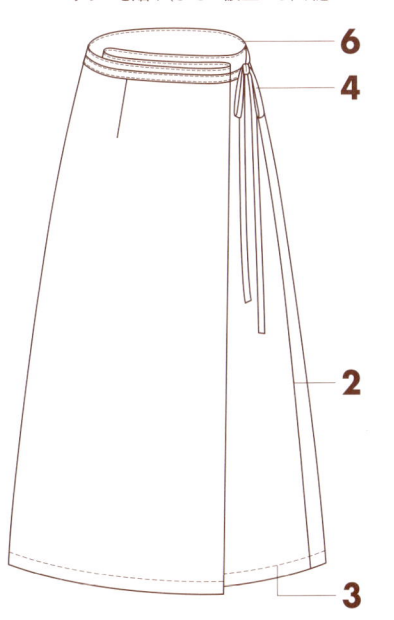

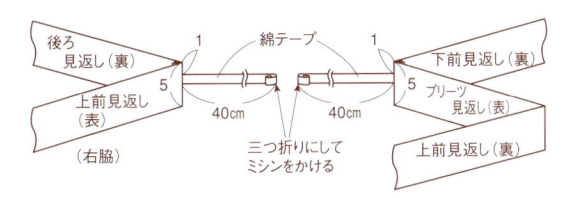

5.内ひもを挟んで見返しを縫う
後ろ見返し(裏) / 上前見返し(表) / (右脇)
1　綿テープ　1
5　　　　　　5
40cm　40cm
三つ折りにしてミシンをかける
下前見返し(裏) / プリーツ見返し / 上前見返し(裏)

右脇と下前端の見返しに内ひもを挟んで縫い合わせる

6.見返しをつける
0.5
見返し(表)
スカート(裏)

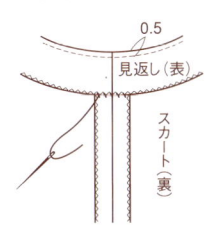

スカートと見返しを中表に合わせて縫い、表に返してステッチをかける
スカートの脇の縫い代に見返しをまつりつける

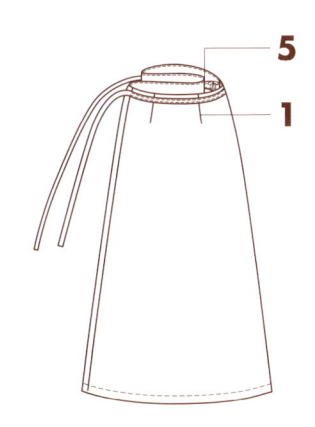

5　1
6　4
2
3

41

F ストライプの切り替えフレアー

■ 材料
布地…ベンベルグストライプ（ニクルス）
　122cm幅×2m
伸び止めテープ…15mm幅
　（クロバー77-941）を122cm
コンシールファスナー…20cmを1本
かぎホック…スプリングホックのニッケル
　（クロバー27-326）1組

■ スカート丈／70cm

photo → p.8

G スウェード調の切り替えフレアー

■ 材料
布地…ラムース（ニクルス）130cm幅
　×176cm
伸び止めテープ…15mm幅
　（クロバー77-941）を122cm
コンシールファスナー…20cmを1本
かぎホック…スプリングホックのニッケル
　（クロバー27-326）1組

■ スカート丈／70cm

photo → p.9

●裁ち合わせ図
（　）内は縫い代、指定以外は1cm
☐ は伸び止めテープを貼る

F／ベンベルグ

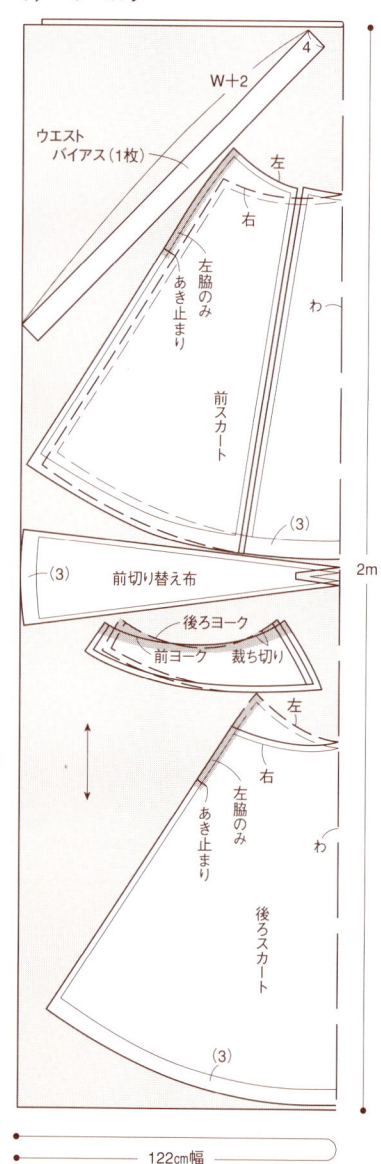

ウエストバイアス（1枚）
W+2
左／右
左脇のみ
あき止まり
前スカート
わ
（3）
前切り替え布
（3）
後ろヨーク　前ヨーク　裁ち切り
左／右
左脇のみ
あき止まり
後ろスカート
わ
（3）
2m
122cm幅

■ 縫い方順序
1. 前スカートの切り替えを縫う
2. 脇を縫う
3. スカートとヨークを縫い合わせる
4. ファスナーをつける
5. ウエストの始末をする（p.44参照）
6. 裾の始末をする（Gは裁ち切り）
7. かぎホックをつける（p.36参照）

1. 前スカートの切り替えを縫う

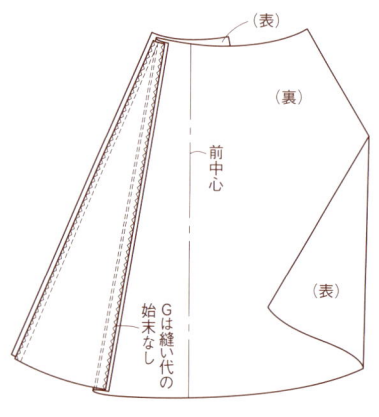

（表）
（裏）
前中心
Gは縫い代の始末なし

前スカートと前切り替え布を中表に合わせて縫う
縫い代はスカート側に倒し、表からステッチをかける

2. 脇を縫う

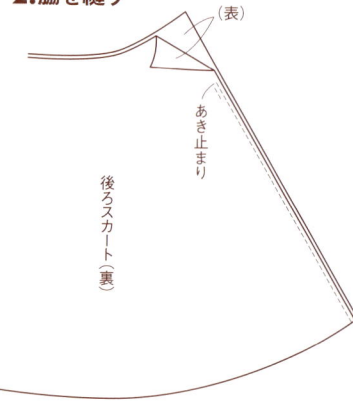

（表）
あき止まり
後ろスカート（裏）

前後スカートを中表に合わせて脇を縫い、縫い代を割る
※左脇はあき止まりまで縫う

3. スカートとヨークを縫い合わせる

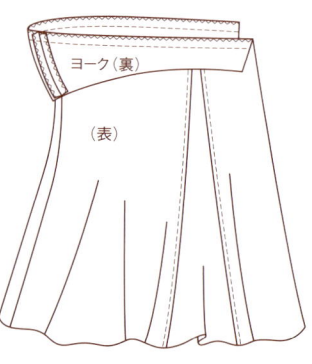

ヨーク（裏）
（表）

スカートとヨークを中表に合わせて縫う
縫い代はヨーク側に倒し、表からステッチをかける

5. ウエストの始末をする
6. 裾の始末をする

バイアス布
（表）
（裏）

●裁ち合わせ図
（ ）内は縫い代、指定以外は1cm
▨は伸び止めテープを貼る

G／ラムース

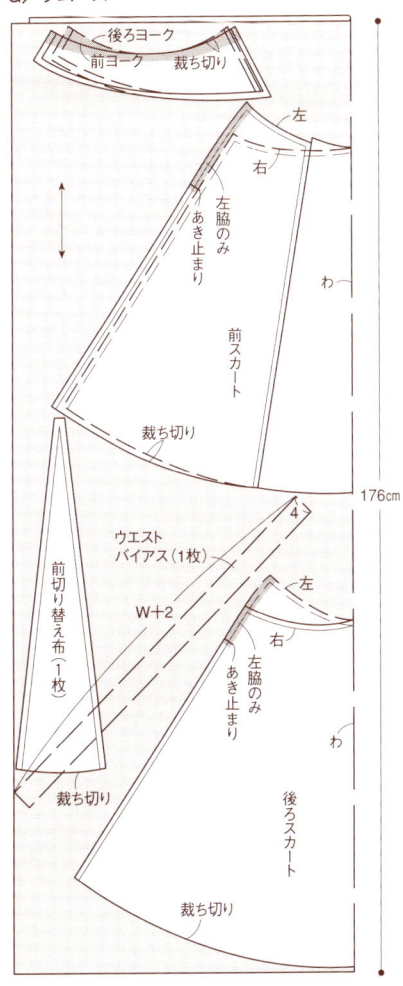

- 後ろヨーク
- 前ヨーク　裁ち切り
- 左
- 右
- 左脇のみ　あき止まり
- 前スカート
- わ
- 裁ち切り
- 176cm
- ウエストバイアス（1枚）
- 左
- 右
- 左脇のみ　あき止まり
- 前切り替え布（1枚）　W+2
- 裁ち切り
- 後ろスカート
- わ
- 裁ち切り
- 130cm幅

Gは裁ち切り

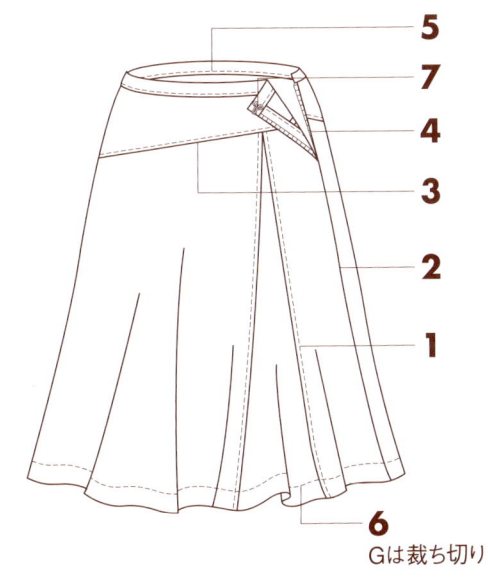

●コンシールファスナーのつけ方

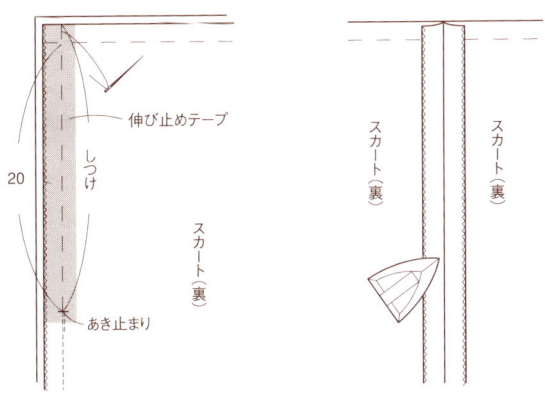

①ファスナーつけ位置に伸び止めテープをアイロンで接着し、スカートを中表に合わせ、あき止まりまでしつけ（または粗ミシン）をかける
- 伸び止めテープ
- しつけ
- あき止まり
- スカート（裏）
- 20

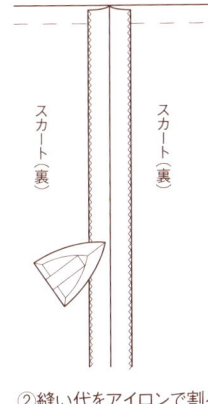

②縫い代をアイロンで割る
- スカート（裏）

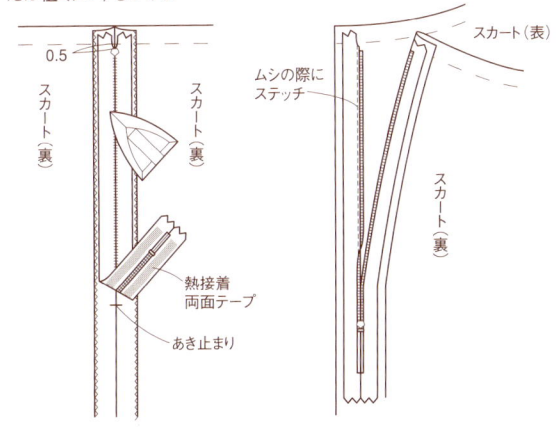

③ファスナーの表に熱接着両面テープを貼り、ウエストのでき上がりより0.5cm下にスライダーを合わせ、ファスナーが縫い目の中央にくるようにアイロンで貼りつける（または仮止めする）
- 0.5
- スカート（裏）
- 熱接着両面テープ
- あき止まり

④スライダーをあき止まりより下までおろす。ムシを起こし、ムシの際にあき止まりまでミシンをかける。反対側も同様にミシンをかける
- ムシの際にステッチ
- スカート（表）
- スカート（裏）

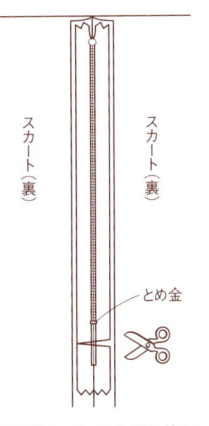

⑤ラジオペンチなどを使い、とめ金をあき止まりより0.5cm下まで移動して固定する。余分のファスナーを切る
- スカート（裏）
- とめ金

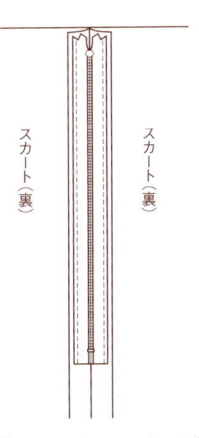

⑥スカートとファスナーの縫い代に、2枚一緒に端ミシンをかける
- スカート（裏）

43

E

リネンのサークル刺しゅう

■ 材料
布地…ピュアリネン(ホビーラホビーレ)110cm幅×180cm
刺しゅう糸…コットンフィールファイン(ホビーラホビーレ)生成・黄緑・緑を各適量
伸び止めテープ…15mm幅(クロバー 77-941)をウエスト寸法+44cm
コンシールファスナー…20cmを1本
かぎホック…スプリングホックのニッケル(クロバー 27-326)1組

■ スカート丈／60cm

photo → p.7

■ 縫い方順序
1. 刺しゅうをする
2. 脇を縫う
3. ファスナーをつける(p.43参照)
4. 裾の始末をする
5. ウエストの始末をする
6. かぎホックをつける(p.36参照)

●裁ち合わせ図
( )内は縫い代、指定以外は1cm
▨は伸び止めテープを貼る

1.刺しゅうをする

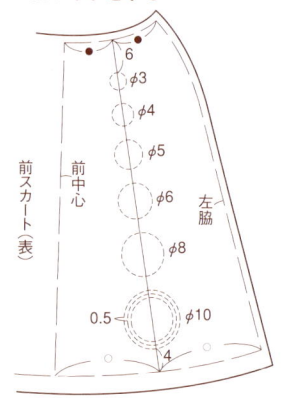

図を参照し、前スカートにランニング・ステッチで刺しゅうをする
糸は生成、黄緑、緑を使い、内側にも円を作る場合は0.5cm間隔で

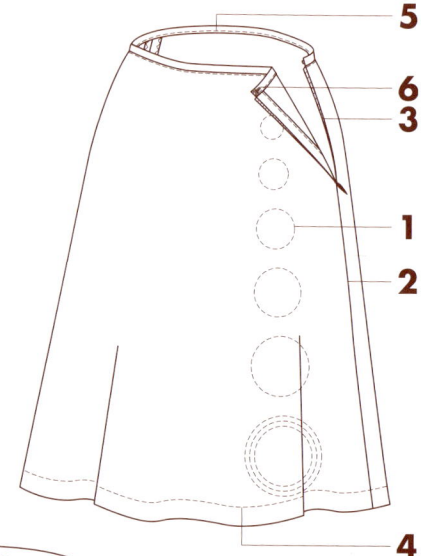

5.ウエストの始末をする

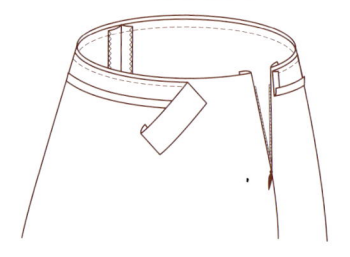

①ウエストバイアスの両端をでき上がりに折ってスカートと中表に合わせ、ウエストラインを縫う

②表に返し、ステッチをかける

H アップリケのセミフレアー

■ 材料
布地…フラノ(サンウェル)148幅の生成を150cm、茶色を30cm
接着芯…90cm幅×16cm
伸び止めテープ…15mm幅(クロバー77-941)をウエスト寸法+44cm
コンシールファスナー…20cmを1本
かぎホック…スプリングホックの黒ニッケル(クロバー27-327)1組

■ スカート丈／65cm

photo → p.10

■ 縫い方順序
1. アップリケをつける
2. 前後中心を縫う
3. ファスナーをつける(p.43参照)
4. 脇を縫う
5. 裾の始末をする
6. ウエストの始末をする(p.44参照)
7. かぎホックをつける(p.36参照)

● 裁ち合わせ図
( )内は縫い代、指定以外は1cm
▨は接着芯、▨は伸び止めテープを貼る

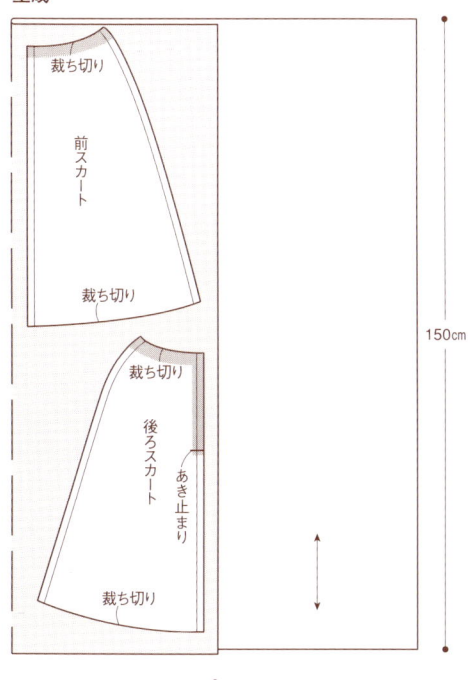

生成

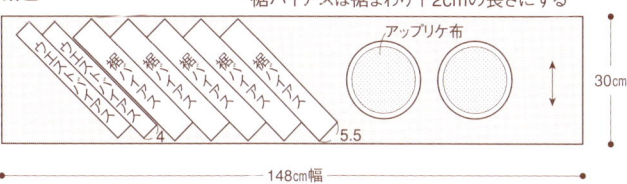

茶色
※ウエストバイアスははぎ合わせてW+2cm、裾バイアスは裾まわり+2cmの長さにする

アップリケ布

1. アップリケをつける

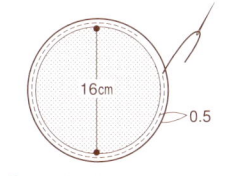

① でき上がりの0.5cm外側をぐし縫いする

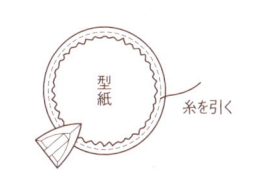

② 直径16cmの型紙(厚紙)を入れて糸を引き、アイロンで形を整える。型紙をはずす

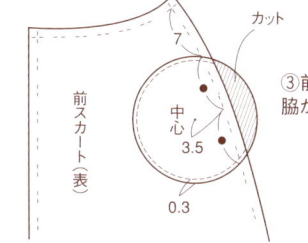

③ 前スカートのつけ位置に置いて縫う。脇からはみ出した部分はカットする

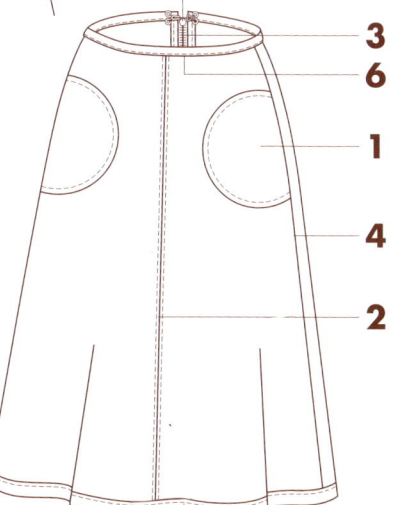

2. 前後中心を縫う

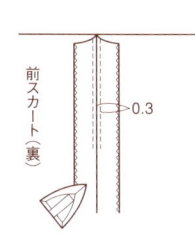

前スカートを中表に合わせて前中心を縫い、縫い代を割ってステッチをかける
※後ろ中心はあき止まりまで縫う

5. 裾の始末をする

① バイアステープをでき上がりに折る

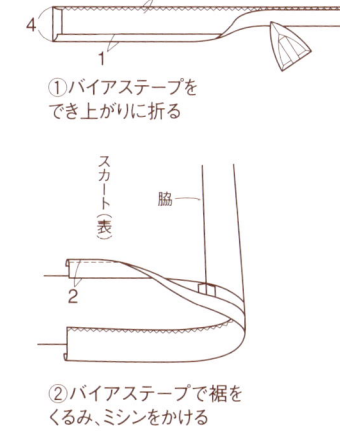

② バイアステープで裾をくるみ、ミシンをかける

45

裾切り替えのステッチ

photo → p.11

■ 材料
布地…フラノ(サンウェル)148幅×155cm
刺しゅう糸…コットンリリー(ホビーラホビーレ)生成・サンドベージュを各適量
伸び止めテープ…15mm幅(クロバー 77-941)を42cm
コンシールファスナー…20cmを1本
かぎホック…スプリングホックの黒ニッケル(クロバー 27-327)1組
綿テープ…茶色の2cm幅をウエスト寸法＋2cm

■ スカート丈／80cm

■ 縫い方順序
1. 前後中心を縫う(p.45参照)
2. ファスナーをつける(p.43参照)
3. 脇を縫う
4. ウエストの始末をする
5. 裾布の脇を縫う
6. 裾の始末をする
7. 裾布に刺しゅうをする
8. スカートに裾布をつける
9. かぎホックをつける(p.36参照)

● 裁ち合わせ図
( )内は縫い代、指定以外は1cm　▨は伸び止めテープを貼る

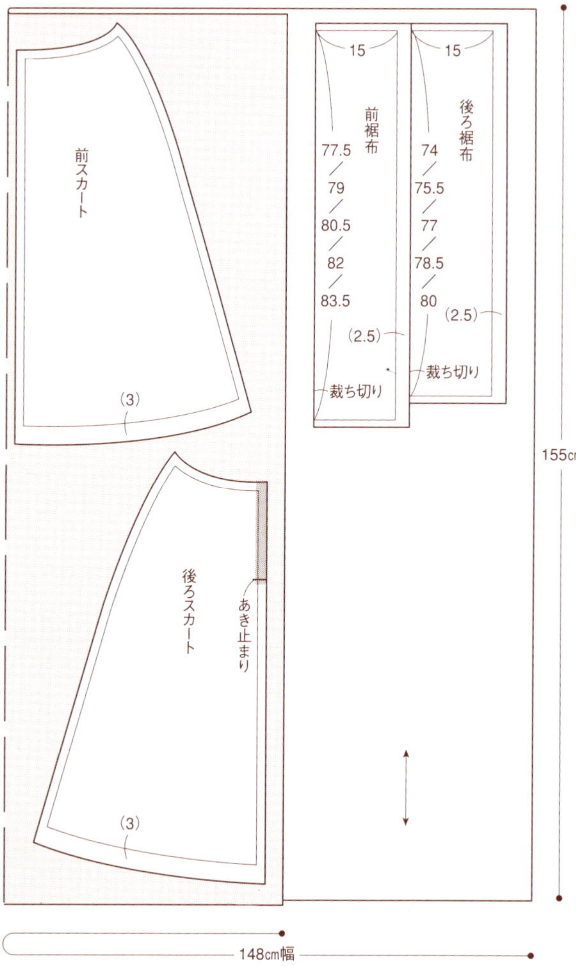

前スカート
後ろスカート
あき止まり
(3)

前裾布　後ろ裾布
15　15
77.5　74
79　75.5
80.5　77
82　78.5
83.5　80
(2.5)　(2.5)
裁ち切り　裁ち切り

155cm
148cm幅

4. ウエストの始末をする

後ろスカート(裏)

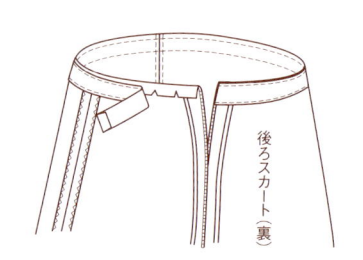

ウエストをでき上がりに折り、縫い代に切り込みを入れる
内側から綿テープをあて、ステッチをかける

7. 裾布に刺しゅうをする

2.5
1
0.5
2
ミシンステッチ　裾

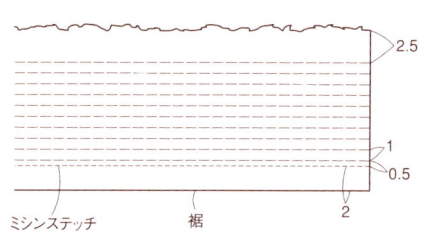

上段5本は生成、下段5本はサンドベージュでランニング・ステッチをする

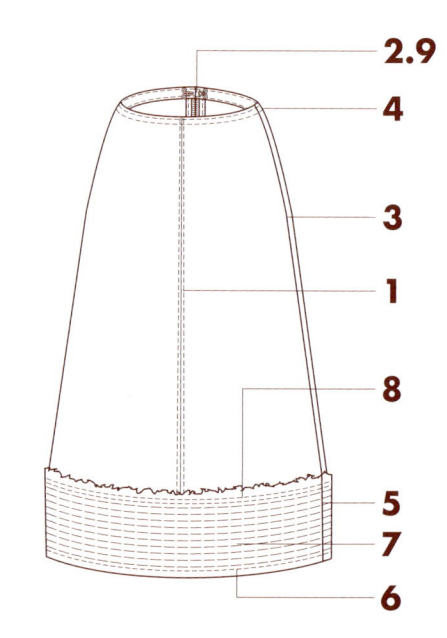

8. スカートに裾布をつける

スカート(表)
裁ち切り　脇
1.5
3
0.5
裾布(表)
脇を合わせる
裾布脇

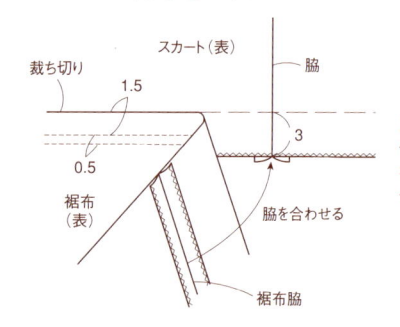

スカートのでき上がり位置に合わせて裾布を置き、表からダブルステッチをかける

2.9
4
3
1
8
5
7
6

切り替えの膝丈Ａライン

■ 材料
布地…カプリタスフィネス（ニクルス）130cm幅×116cm
接着芯…90cm幅×15cm
伸び止めテープ…15mm幅（クロバー 77-941）を42cm
コンシールファスナー…20cmを1本
かぎホック…スプリングホックの黒ニッケル（クロバー 27-327）1組

■ スカート丈／65cm

■ 縫い方順序
1. 前後ヨークの切り替えを縫う
2. ヨークの脇を縫う（p.48参照）
3. ファスナーをつける（p.43参照）
4. スカートの脇を縫う
5. スカートとヨークを縫い合わせる
6. 見返しをつける
7. かぎホックをつける（p.36参照）

photo → p.12

● 裁ち合わせ図
（ ）内は縫い代、指定以外は1cm
□は接着芯、■は伸び止めテープを貼る

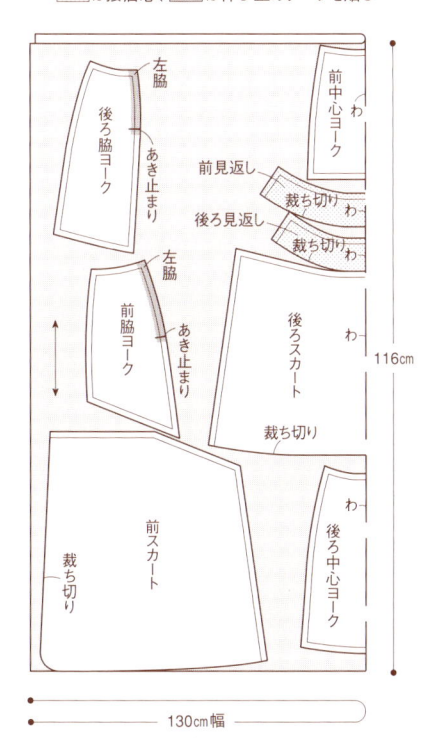

130cm幅 / 116cm

左脇・後ろ脇ヨーク・前中心ヨーク・前見返し・後ろ見返し・裁ち切り・わ・左脇・前脇ヨーク・あき止まり・後ろスカート・わ・裁ち切り・前スカート・裁ち切り・後ろ中心ヨーク

1. 前後ヨークの切り替えを縫う
中心と脇のヨークを中表に合わせて縫う 
縫い代は割る
(裏)(表)

4. スカートの脇を縫う
前後スカートを中表に合わせて脇を縫う
前スカート(裏)　後ろスカート(表)

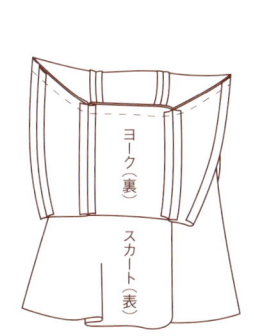

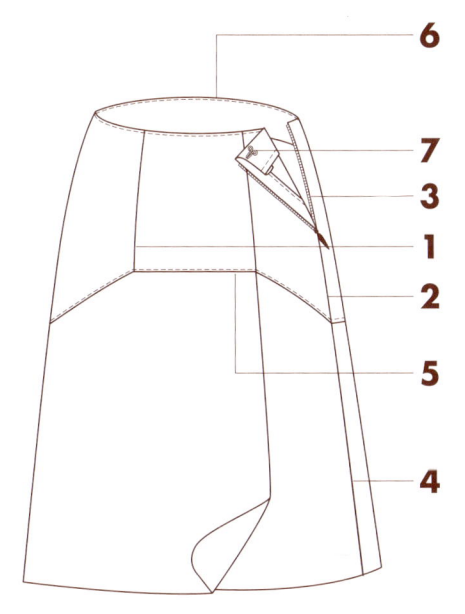

5. スカートとヨークを縫い合わせる
① スカートとヨークを中表に合わせて縫う 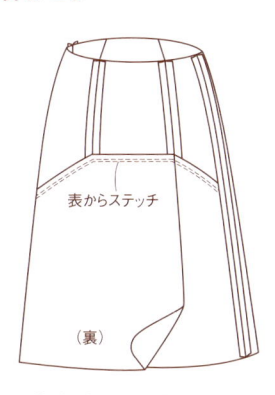
ヨーク(裏)　スカート(表)

② 縫い代をヨーク側に倒し、表からステッチをかける
表からステッチ
(裏)

47

K シルクチェックのロングAライン

■ 材料
布地…シルク112cm幅×174cm
接着芯…90cm幅×15cm
伸び止めテープ…15mm幅(クロバー77-941)を1.3m
コンシールファスナー…20cmを1本
かぎホック…スプリングホックのニッケル(クロバー27-326)1組
サテンリボン…白の3.5cm幅を3.1m
スカート丈／85cm

photo → p.13

■ 縫い方順序
1. 前後ヨークの切り替えを縫う
2. ヨークの脇を縫う
3. ファスナーをつける(p.43参照)
4. スカートの脇を縫う
5. スカートの前端と裾の始末をする
6. ヨークとスカートを縫い合わせる
7. 見返しをつける
8. かぎホックをつける(p.36参照)

●裁ち合わせ図
( )内は縫い代、指定以外は1cm
▨は接着芯、▩は伸び止めテープを貼る

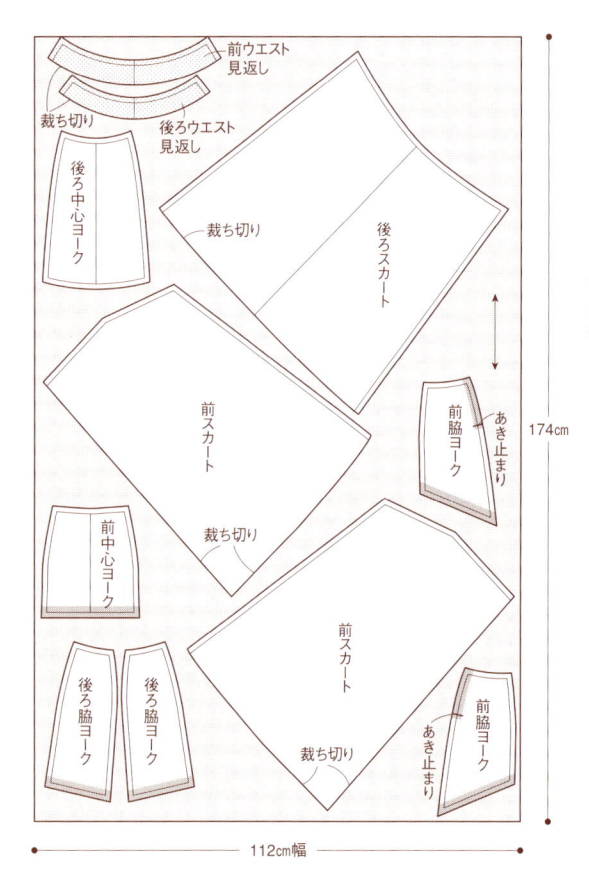

(前ウエスト見返し／後ろウエスト見返し／裁ち切り／後ろ中心ヨーク／後ろスカート／前スカート／前中心ヨーク／後ろ脇ヨーク／前脇ヨーク／あき止まり)

112cm幅 / 174cm

1. 前後ヨークの切り替えを縫う
中央と脇のヨークを中表に合わせて縫う 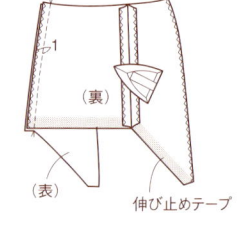
縫い代は割る
伸び止めテープ

2. ヨークの脇を縫う
前後ヨークを中表に合わせて縫う
左脇はあき止まりまで縫う

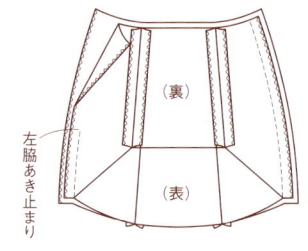

4. スカートの脇を縫う
前後スカートを中表に合わせて脇を縫う

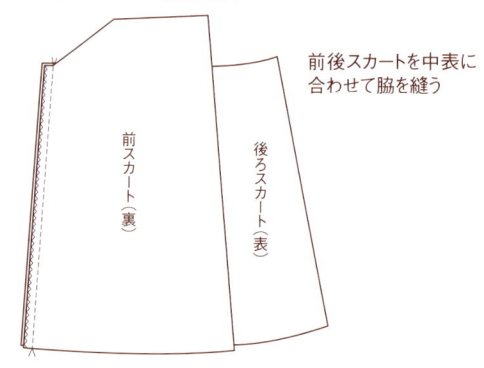

5. スカートの前端と裾の始末をする
サテンリボンを二つ折りにし、スカートを挟んでステッチをかける
角は45度に折り込んでまつる

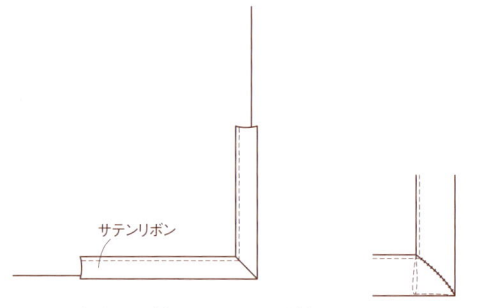

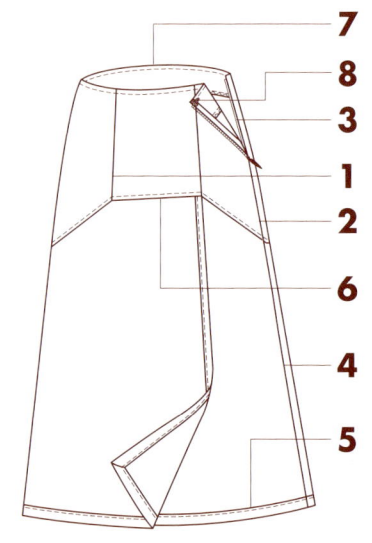

L リボンのたっぷりフレアー

■ 材料
布地…ちりめん140cm幅のベージュを160cm、黒を87cm
伸び止めテープ…15mm幅(クロバー 77-941)をウエスト寸法＋42cm
コンシールファスナー…20cmを1本
かぎホック…スプリングホックの黒ニッケル(クロバー 27-327)1組
スウェード皮ひも…黒の4mm幅を6.3m
綿テープ…ベージュの1.5cm幅を5m

■ スカート丈／85cm

photo → p.14-15

■ 縫い方順序
1. ひも通しのホールをあける
2. 裏に綿テープを縫いつける
3. ひもを通す
4. スカートの脇を縫う
5. ファスナーをつける(p.43参照)
6. 裾布の脇を縫う
7. 切り替えを縫う
8. ウエストの始末をする(p.44参照)
9. 裾の始末をする
10. かぎホックをつける(p.36参照)

● 裁ち合わせ図
( )内は縫い代、指定以外は1cm
□は伸び止めテープを貼る

ベージュ / 140cm幅 / 160cm

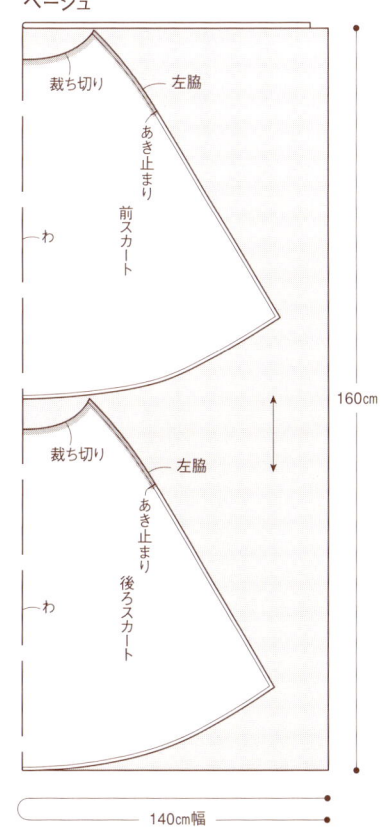

黒 / 140cm幅 / 87cm
ウエストバイアス W+2
前裾布 (1.5)
後裾布 (1.5)

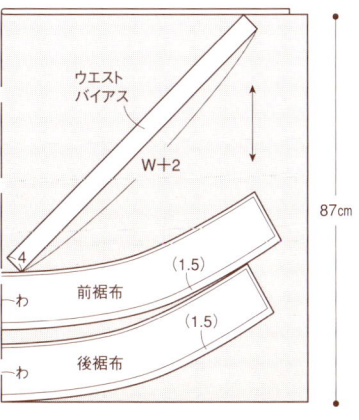

1. ひも通しのホールをあける
ひも通し用にボタンホールをあける 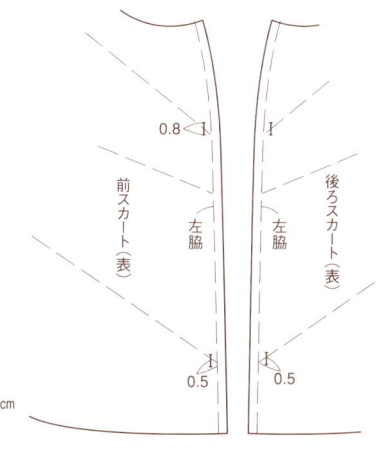
※左脇は前後とも上下2ケ所、右脇は中央1ケ所

2. 裏に綿テープを縫いつける
3. ひもを通す
4. スカートの脇を縫う
ひも通し位置に綿テープを縫いつけ、ひもを通す
前後スカートを中表に合わせ、左脇は上下、右脇は中央のひもをよけて脇を縫う
左脇はあき止まりまで縫う

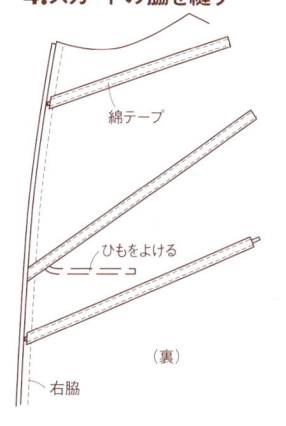

7. 切り替えを縫う
スカートと裾布を中表に合わせて縫う
縫い代は裾布側に倒し、表からステッチをかける

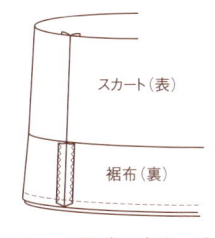

9. 裾の始末をする

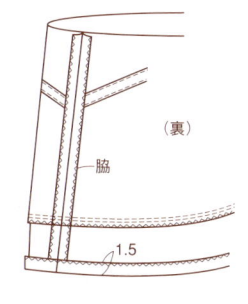

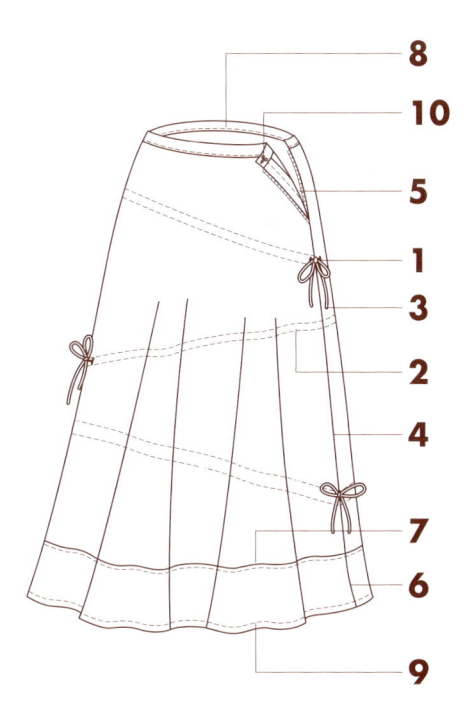

49

ボックスプリーツ

photo → p.16

■材料
- 布地…ローンレース(サンウェル)100cm幅×137cm
- 布地…チノストレッチ(サンウェル)118cm幅×196cm
- 伸び止めテープ…15mm幅(クロバー 77-941)を42cm
- コンシールファスナー…20cmを1本
- かぎホック…スプリングホックのニッケル(クロバー 27-326)1組

■スカート丈／65cm

■縫い方順序
1. スカートと陰ひだ布を縫い合わせる
2. スカートを縫い合わせる
3. 脇を縫う
4. ファスナーをつける(p.43参照)
5. 裾の始末をする
6. ひだ奥を縫う
7. ステッチをかける
8. ウエストの始末をする(p.44参照)
9. かぎホックをつける(p.36参照)

●裁ち合わせ図
( )内は縫い代、指定以外は1cm　■は伸び止めテープを貼る

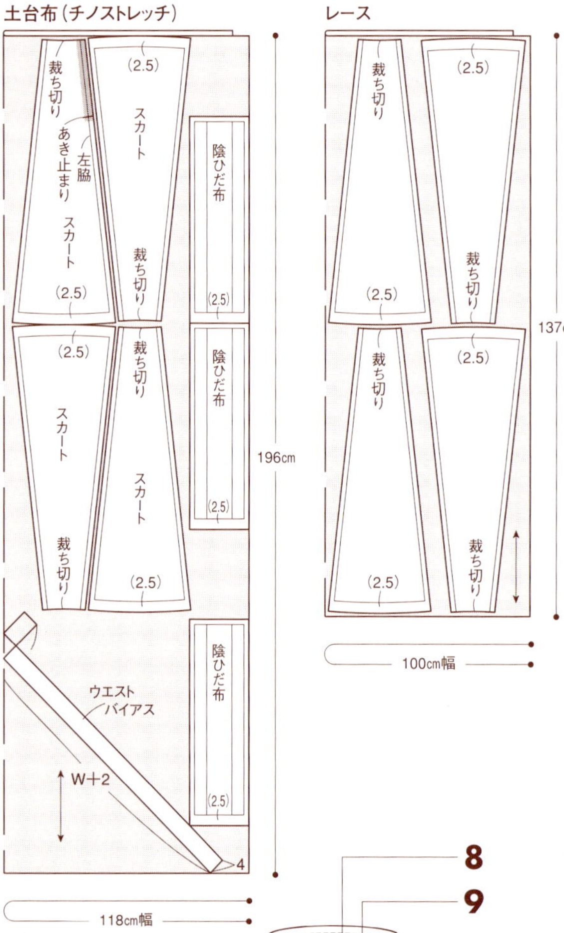

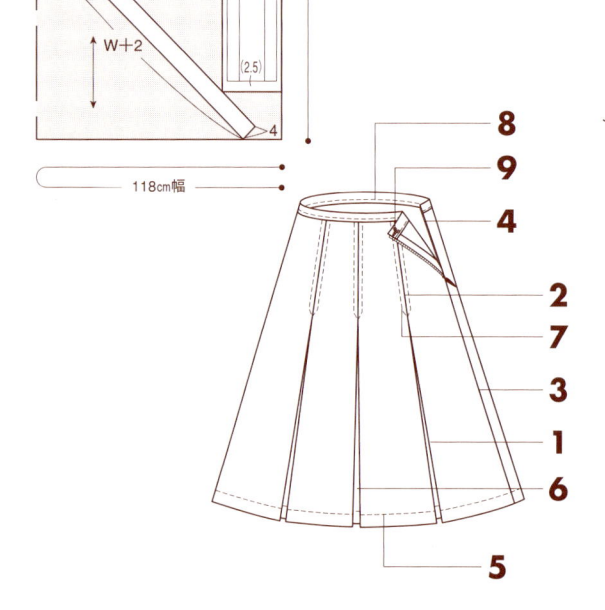

土台布(チノストレッチ) 118cm幅　196cm
レース 100cm幅　137cm

1. スカートと陰ひだ布を縫い合わせる

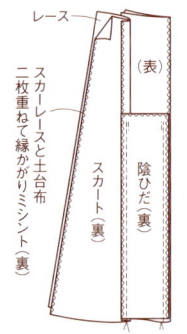

レースと土台布を重ねて2枚一緒にジグザグミシンをかけ、スカート布を作る
スカートと陰ひだ布を中表に合わせて縫う
縫い代は割る

2. スカートを縫い合わせる

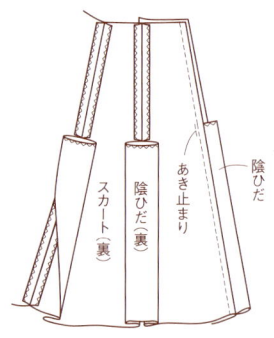

陰ひだ布をたたみ、ウエストからあき止まりまでスカートを縫い合わせる

3. 脇を縫う

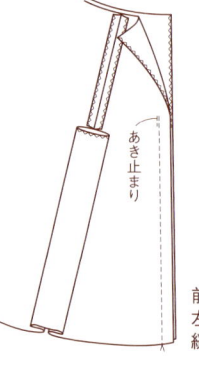

前後スカートを中表に合わせ、脇を縫う
左脇はあき止まりまで縫う
縫い代は割る

5. 裾の始末をする

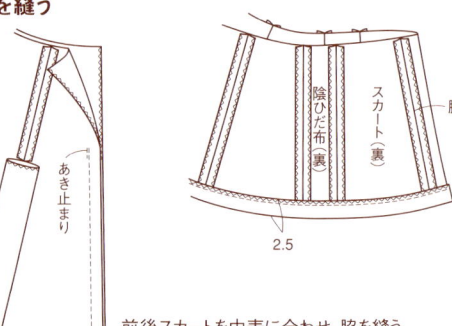

2.5

6. ひだ奥を縫う

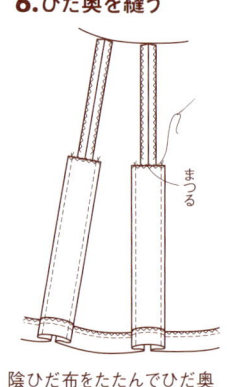

まつる

陰ひだ布をたたんでひだ奥にステッチをかけ、上部をスカートの縫い代にまつる

7. ステッチをかける

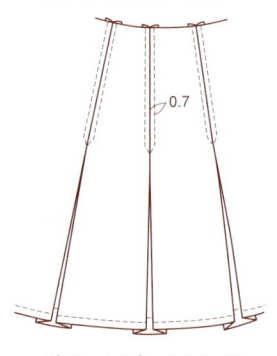

0.7

表からあき止まりまでステッチをかける

50

N サイドボタン

■ 材料
布地…リネンルックスオックス(サンウェル)146㎝幅×160㎝
別布(袋布)…30㎝×15㎝
接着芯…92㎝幅×25㎝
ボタン…直径1.5㎝を14個

■ スカート丈／70㎝

photo → p.17

■ 縫い方順序
1. ポケットを作る
2. 裾の始末をする
3. 脇を縫い、あきの始末をする
4. 見返しをつける
5. ボタンホールをあけ、ボタンをつける(p.36参照)

●裁ち合わせ図
( )内は縫い代、指定以外は1㎝
□は接着芯を貼る

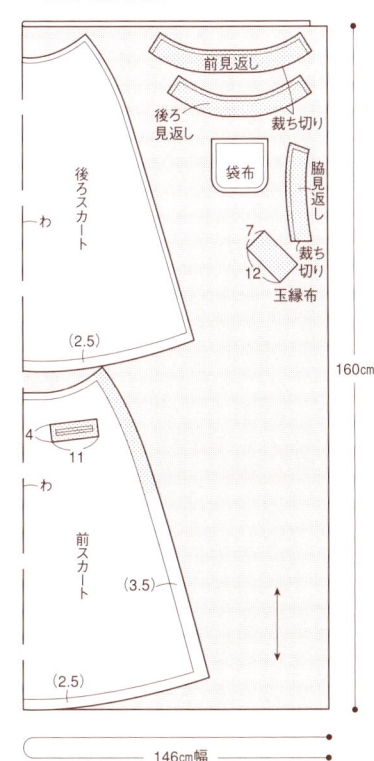

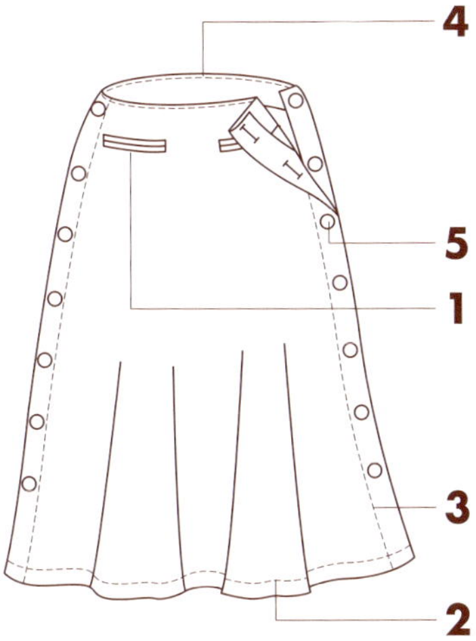

146㎝幅 × 160㎝

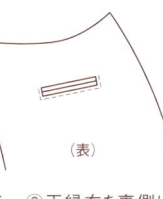

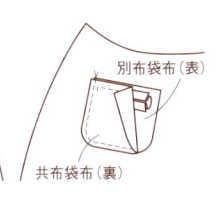

1. ポケットを作る

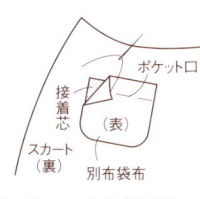

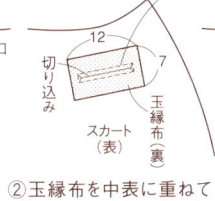

① ポケット口の裏に接着芯を貼り、別布袋布を仮止めする
② 玉縁布を中表に重ねてポケット口にミシンをかけ、切り込みを入れる
③ 玉縁布を裏側に引き出して縫い代を割り、表から左右と下に落としミシン
④ 共布袋布を重ねて玉縁布の上側に落としミシンをかけ、袋布の周囲を縫う
⑤ 玉縁布の両端に止めミシンをかける 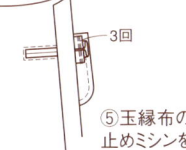 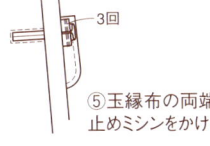

2. 裾の始末をする

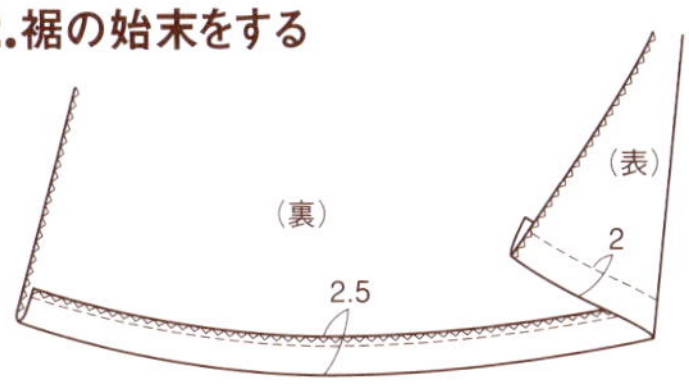

3. 脇を縫い、あきの始末をする

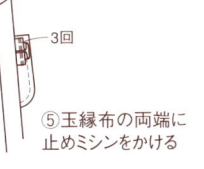

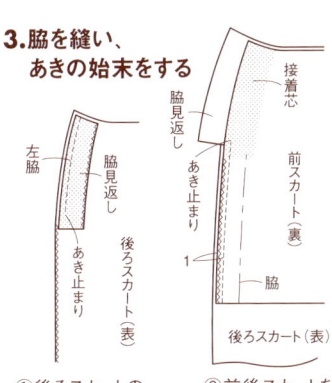

① 後ろスカートの左脇に脇見返しをつける
② 前後スカートを中表に合わせて脇を縫う
③ 脇見返しも一緒に、あき止まりに止めミシンをかける 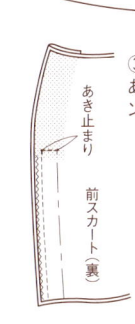
④ 表に返して前スカートをでき上がりに折り、後ろスカートをよけて、あき位置にミシンをかける
⑤ 後ろスカートと一緒にあき位置から続けて脇を縫う 右脇はウエストから縫う

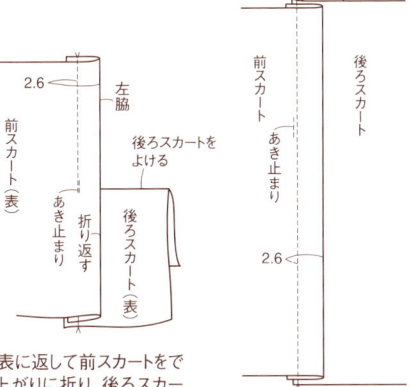

5. ボタンホールをあけ、ボタンをつける

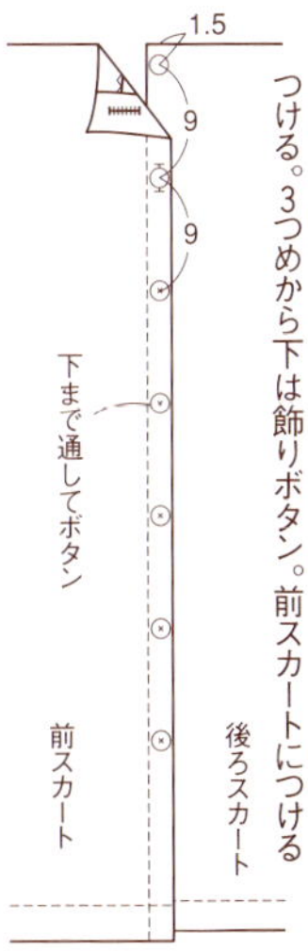

上の2つはボタンホールをあけ、後ろスカートにボタンをつける。3つめから下は飾りボタン。前スカートにつける

51

ヨークつきギャザー

■ 材料
布地…ダブルクリアレース(サンウェル)93cm幅×180cm
接着芯…90mm幅×10cm
伸び止めテープ…15mm幅(クロバー 77-941)を44cm
コンシールファスナー…20cmを1本
かぎホック…スプリングホックのニッケル(クロバー 27-326)1組

■ スカート丈／65cm

photo → p.18

■ 縫い方順序
1. スカートの脇を縫う
2. 後ろ中心をあき止まりまで縫う
3. 裾の始末をする
4. ヨークの脇を縫う
5. スカートとヨークを縫い合わせる
6. ファスナーをつける(p.43参照)
7. 見返しの脇を縫う
8. 見返しをつける
9. かぎホックをつける(p.36参照)

● 裁ち合わせ図
( )内は縫い代、指定以外は1cm
▨ は接着芯、
▨ は伸び止めテープを貼る

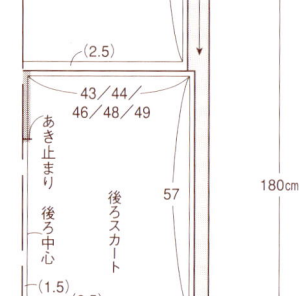

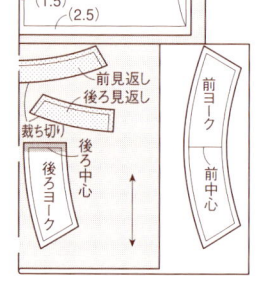

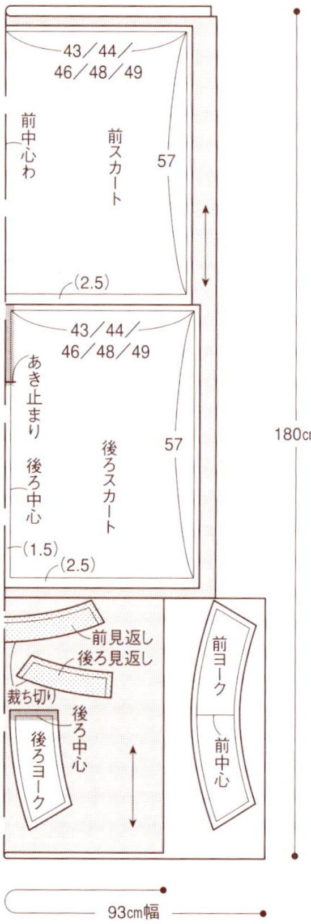

前中心わ／前スカート 43/44/46/48/49 57 (2.5)
後ろ中心／後ろスカート 43/44/46/48/49 57 あき止まり (1.5)(2.5)
180cm
前見返し／後ろ見返し／裁ち切り／後ろヨーク／後ろ中心／前ヨーク／前中心
93cm幅

5.スカートとヨークを縫い合わせる

後ろスカート(表)　後ろスカート(表)　0.3

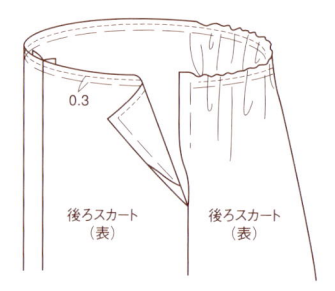

①スカートのでき上がりより0.3cm外側にギャザー寄せミシンをかけ、糸を引いてギャザーを寄せる

ヨーク(裏)　スカート(表)

②ギャザーが均等になるようにヨークとスカートを中表に合わせ、ミシンで縫い合わせる

③縫い代は2枚一緒にロックミシン(またはジグザグミシン)をかけてヨーク側に倒し、表からステッチをかける

8.ウエストの始末をする

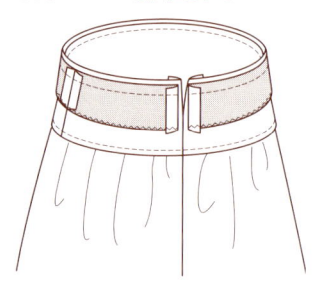

①見返しの脇を縫い、ヨークと中表に合わせて縫い合わせる

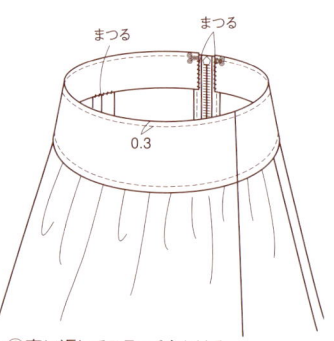

まつる　まつる　0.3

②表に返してステッチをかける
見返しの後ろ中心と脇をヨークの縫い代にまつる

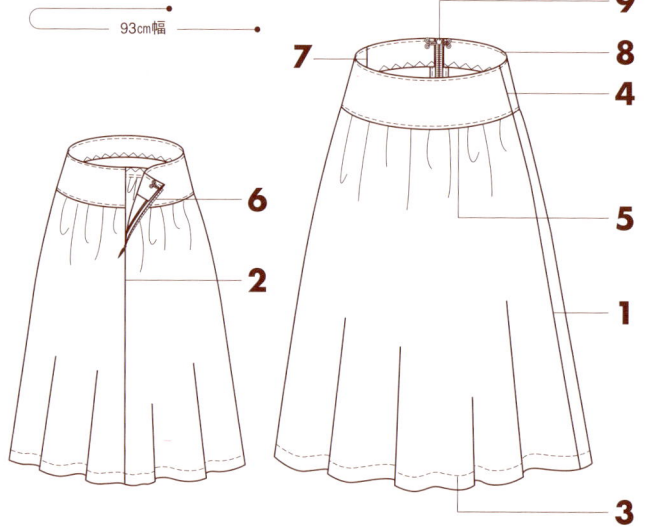

熱接着ギャザリングテープ
アイロンで接着し、簡単にギャザーが寄せられるテープ。ギャザー作りに便利です。15mm幅×6m巻／525円(クロバー)

P 8枚はぎの切りっぱなし重ね

photo → p.19

■ 材料
布地…フラノ(サンウェル)148cm幅×132cm
接着芯…92cm幅×10cm
伸び止めテープ…15mm幅(クロバー 77-941)をウエスト寸法＋44cm
コンシールファスナー…20cmを1本
かぎホック…スプリングホックのニッケル(クロバー 27-326)1組
綿テープ…グレーの2cm幅をウエスト寸法＋2cm

■ スカート丈／65cm

■ 縫い方順序
1. 切り替えを縫う
2. 脇を縫う(p.50参照)
3. ファスナーをつける(p.43参照)
4. ウエストの始末をする
5. 裾にステッチをかける
6. かぎホックをつける(p.36参照)

● 裁ち合わせ図
( )内は縫い代、指定以外は1cm
▨は接着芯、▨は伸び止めテープを貼る

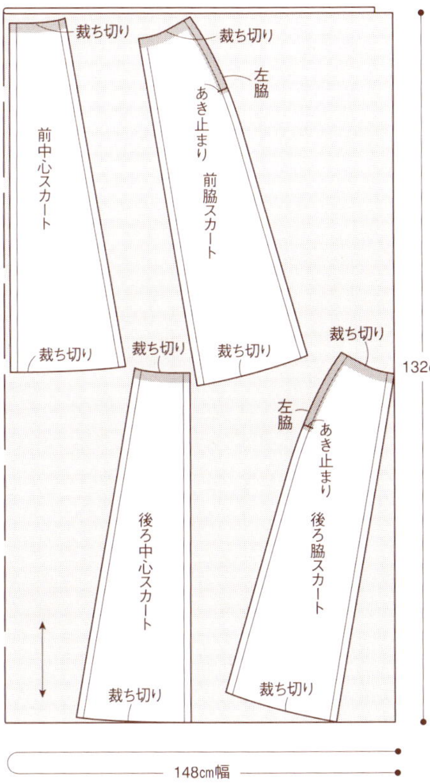

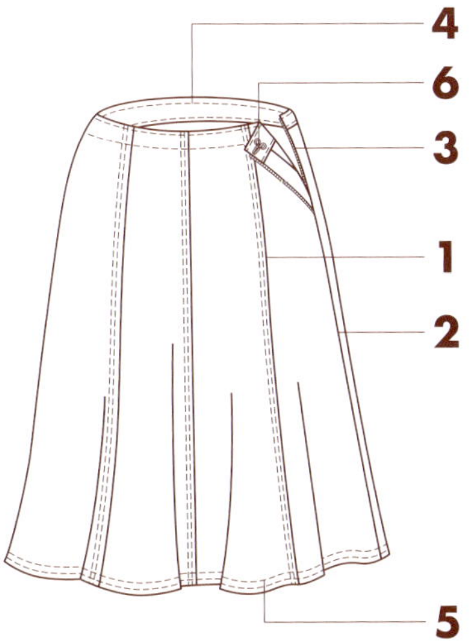

布幅148cm幅、長さ132cm

パーツ：前中心スカート、前脇スカート、後ろ中心スカート、後ろ脇スカート
（裁ち切り／あき止まり／左脇）

1. 切り替えを縫う
縫い代を始末
裁ち切り
(表)
0.5 / 1

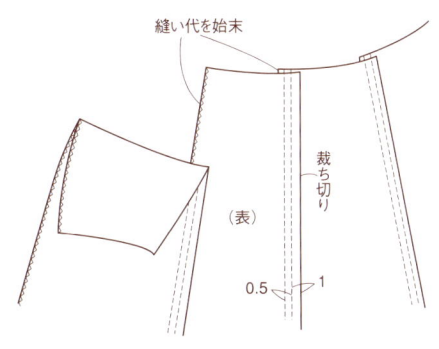

スカートの縫い代は右側だけロックミシンで始末する
切りっぱなしの左側を上に重ね、白糸でダブルステッチ

4. ウエストの始末をする
スカート(裏)
内側から綿テープをあて、ステッチをかける

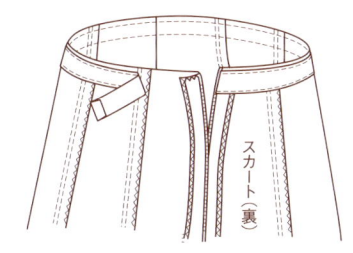

5. 裾にステッチをかける
脇
(裏)
1.5
0.3

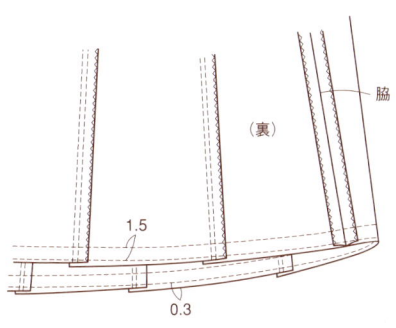

裾も白糸でステッチ

デニムのファンシープリーツ

■ 材料
布地…ムラ糸カラーデニム(サンウェル) 147 cm幅×105 cm
接着芯…92 cm幅×15 cm
伸び止めテープ…15 mm幅(クロバー 77-941)を42 cm
コンシールファスナー…20 cmを1本
かぎホック…スプリングホックのニッケル(クロバー 27-326)1組

■ スカート丈／65 cm

photo → p.20

■ 縫い方順序
1. ダーツを縫う
2. 脇を縫う
3. ファスナーをつける(p.43参照)
4. プリーツを縫う
5. 裾の始末をする
6. ファンシープリーツを縫う
7. 見返しをつける
8. かぎホックをつける(p.36参照)

●裁ち合わせ図
( )内は縫い代、指定以外は1cm
□は接着芯、■は伸び止めテープを貼る

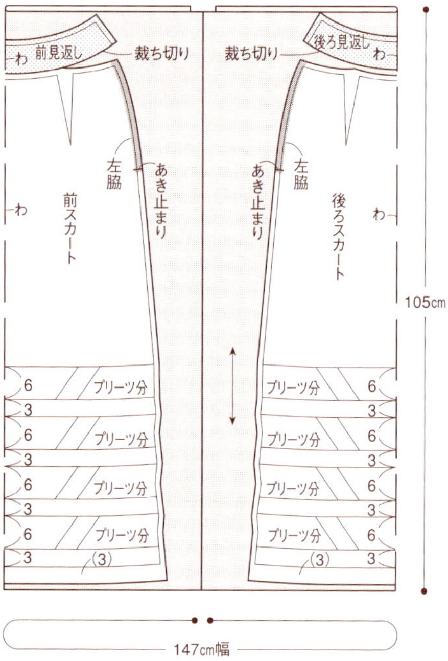

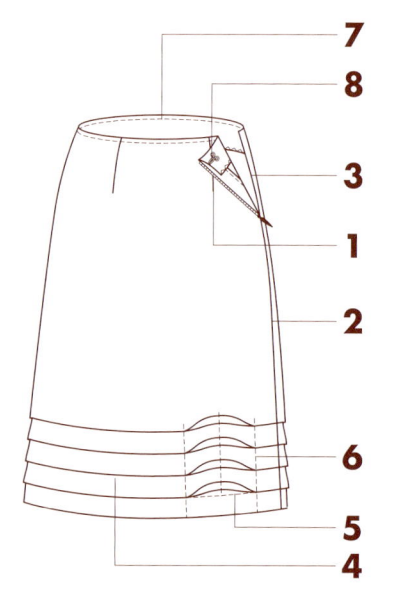

1.ダーツを縫う
中表に折ってダーツを縫う 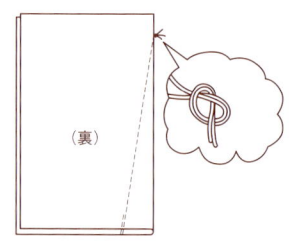
先端は2〜3回結び、余分な糸を切る
中心側に倒してアイロンで押さえる

2.脇を縫う
前後スカートを中表に合わせて脇を縫い、縫い代を割る
※左脇はあき止まりまで縫う

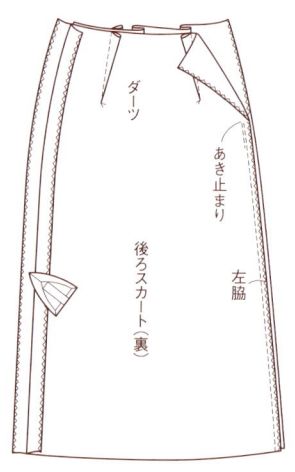

4.プリーツを縫う
5.裾の始末をする
0.1ひだ奥にステッチ

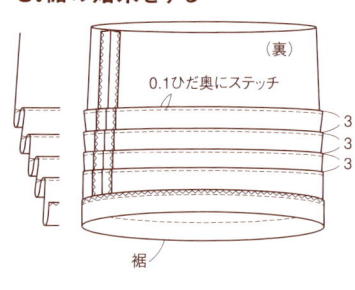

プリーツをたたんでひだ奥にステッチをかける
裾を二つ折りにしてステッチをかける

6.ファンシープリーツを縫う
ファンシープリーツの左右はプリーツの方向に沿ってミシンをかけ、中央はプリーツを上側に倒すようにミシンをかける

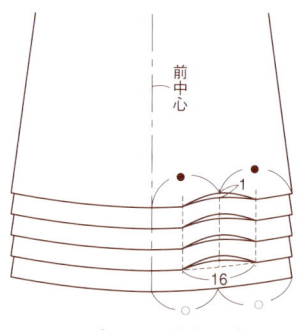

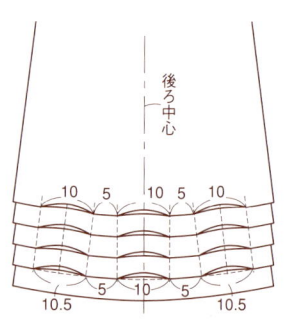

後ろスカートは同様のファンシープリーツを3ヶ所に作る

54

ジャージーの2段ティアード

■ 材料
布…スムースプリント(サンウェル)155cm幅×105cm
ゴムベルト…段織30mm幅の白(クロバー 27-823)をウエスト寸法×0.9+2cm
グログランテープ…1cm幅をヒップ寸法+20cm

■ スカート丈／73cm

photo → p.21

■ 縫い方順序
1. 各段の両脇を縫う
2. 各段を縫い合わせる
3. テープをつける
4. 裾の始末をする
5. ウエストの始末をし、ゴムベルトを通す
（p.37参照）

●裁ち合わせ図
（ ）内は縫い代、指定以外は1cm

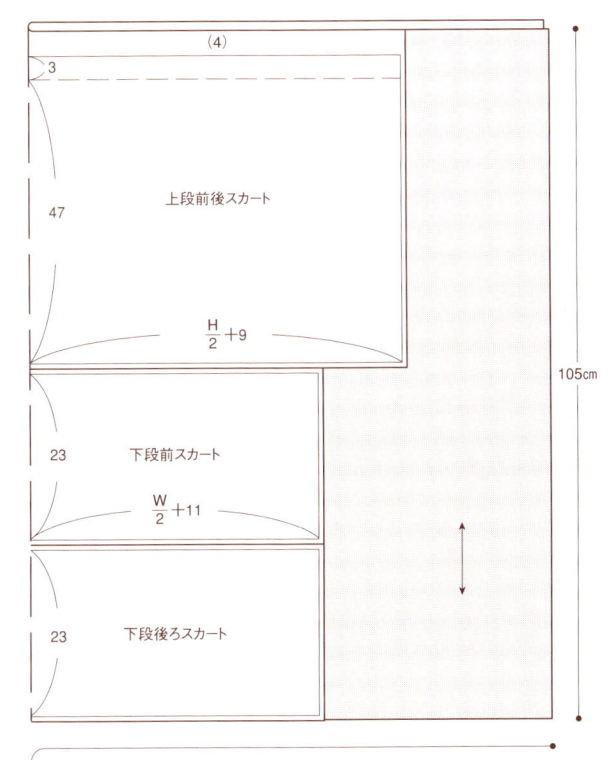

- (4)
- 3
- 47 上段前後スカート
- $\frac{H}{2}+9$
- 23 下段前スカート
- $\frac{W}{2}+11$
- 23 下段後ろスカート
- 155cm幅
- 105cm

1.各段の両脇を縫う

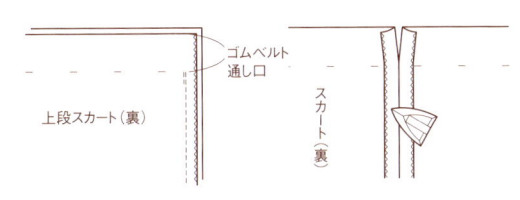

上段スカート(裏)／ゴムベルト通し口／スカート(裏)

①左脇のゴムベルト通し口を残して、脇を縫う
②縫い代をアイロンで割る

2.各段を縫い合わせる

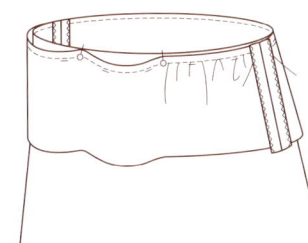

①下段のスカートにギャザー寄せミシンをかける
②上下スカートそれぞれ等分に印をつけ、印を合わせて待ち針で止める
③ギャザー寄せミシンの糸を引いてギャザーを均等に寄せ、縫い合わせる
④縫い代は2枚一緒にロックミシンをかけて上側に倒し、表からステッチをかける

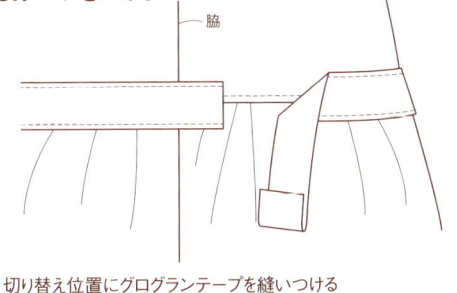

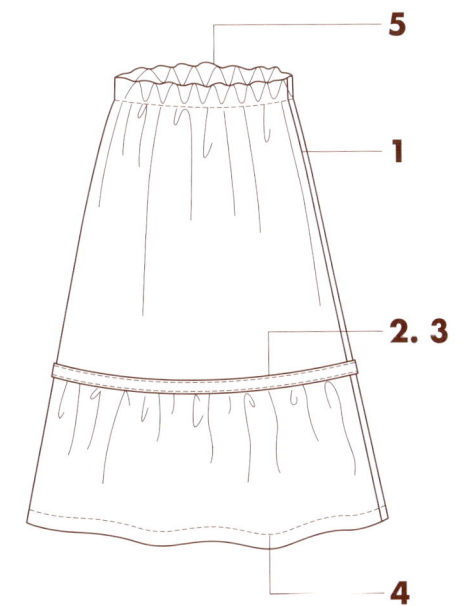

3.テープをつける
脇
切り替え位置にグログランテープを縫いつける

幅広ひも通し
広い幅のゴムもしっかり挟んでスムーズに通せます。578円(クロバー)

ヨコはぎのスウェード調

■ 材料
布地…ラムース（ニクルス）130cm幅のチャコール・オレンジを33cm、オフホワイトを58cm
伸び止めテープ…15mm幅（クロバー 77-941）を42cm
コンシールファスナー…20cmを1本
かぎホック…スプリングホックのニッケル（クロバー 27-326）1組
■ スカート丈／80cm

photo → p.22-23

■ 縫い方順序
1. ダーツを縫う
2. 右脇を縫う
3. 切り替えを縫う
4. 左脇をあき止まりまで縫う
5. ファスナーをつける（p.43参照）
6. ウエストの始末をする（p.44参照）
7. かぎホックをつける（p.36参照）

● 裁ち合わせ図
（ ）内は縫い代、指定以外は1cm
▨ は伸び止めテープを貼る

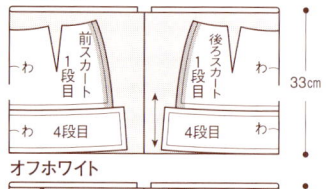

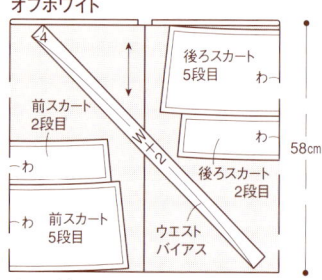

チャコール
前スカート1段目／後ろスカート1段目／4段目　33cm

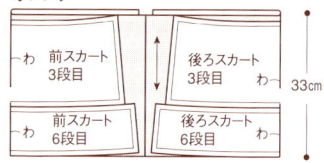

オフホワイト
前スカート2段目／前スカート5段目／後ろスカート5段目／後ろスカート2段目／ウエストバイアス　58cm

オレンジ
前スカート3段目／前スカート6段目／後ろスカート3段目／後ろスカート6段目　33cm

130cm幅

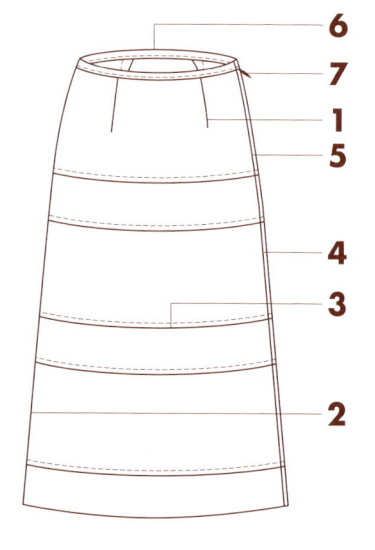

1. ダーツを縫う
中表に折ってダーツを縫う 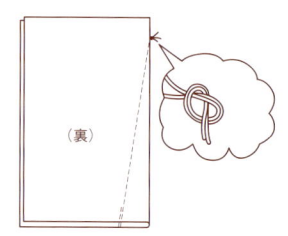
先端は2～3回結び、余分な糸を切る
中心側に倒してアイロンで押さえる

2. 右脇を縫う
前後スカートを中表に合わせて右脇を縫い、縫い代を割る
※各段とも同様に縫う
縫い代の下側は、重ねたときに表からはみ出さないようにカットする
0.5　カット

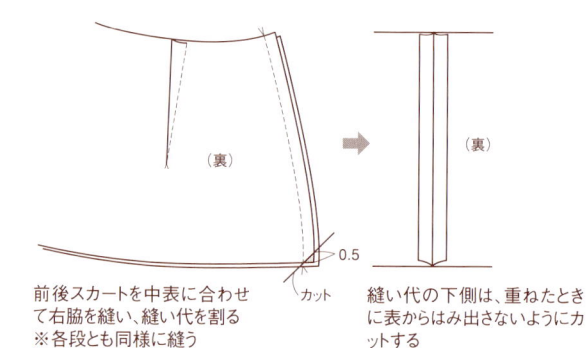

3. 切り替えを縫う
脇線を合わせ、スカートの上になる段を上に重ねてステッチをかける
※縫い代は切りっぱなし

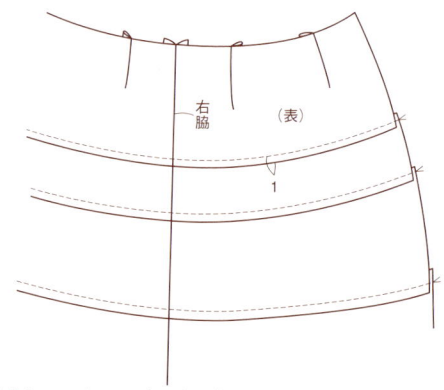

ピンクのリボンチェックギャザー

■ 材料
布地…スラブコットン(ホビーラホビーレ)106cm幅×150cm
伸び止めテープ…15mm幅(クロバー 77-941)を21cm
テープ…海老茶色の1.5cm幅を7.6m
ベルト芯…接着インサイドベルト30mm幅(クロバー 27-797)ウエスト寸法＋
　持ち出し3cm　　　ファスナー…20cmを1本
かぎホック…薄型ホックの白(クロバー 27-231)1組

■ スカート丈／68cm

photo → p.24

■ 縫い方順序
1. スカートにテープをつける
2. 脇を縫う(p.50参照)
3. ファスナーをつける(p.58参照)
4. 裾の始末をする
5. ウエストベルトをつける
6. かぎホックをつける(p.36参照)

● 裁ち合わせ図
( )内は縫い代、指定以外は1cm　　　は伸び止めテープを貼る

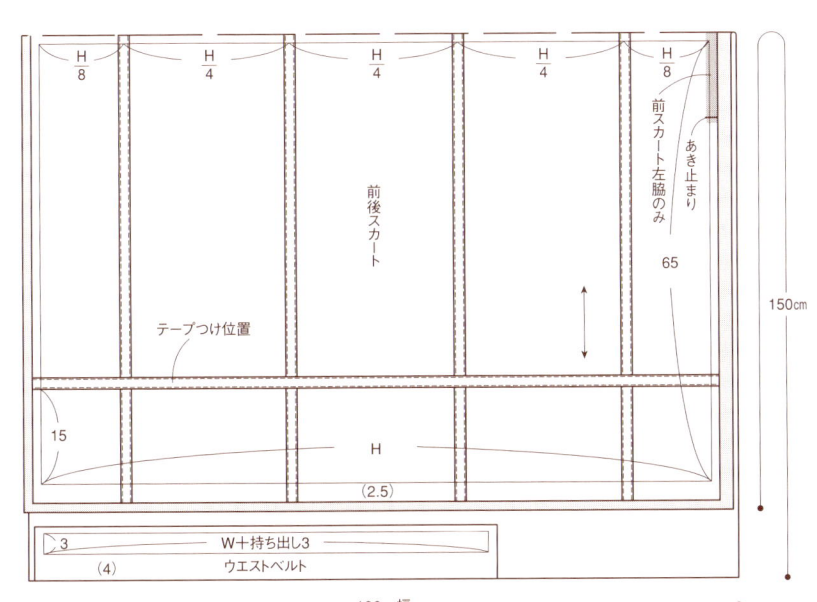

前後スカート
前スカート左脇のみ
あき止まり
テープつけ位置
ウエストベルト　W＋持ち出し3
106cm幅　150cm

5. ウエストベルトをつける

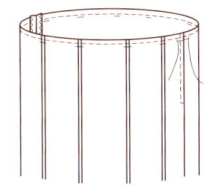

① でき上がりの0.2cm外側にギャザー寄せミシンをかける

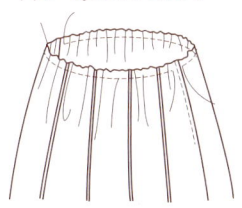

② 糸を引き、テープの位置が均等になるようにギャザーを寄せる

③ スカートとウエストベルト(p.58参照)を中表に合わせて縫う

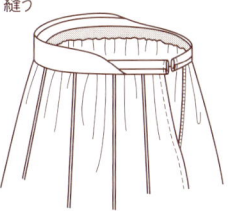

④ ウエストベルトの両端にミシンをかける

⑤ ウエストベルトを表に返し、表から落としミシンをかける

ペイズリーのタックギャザー

photo → p.25

■ 材料
布地…ドビーチェックワッシャープリント(サンウェル)117cm×150cm
伸び止めテープ…15mm幅(クロバー77-941)を21cm
綿テープ…黒の(ウエスト寸法＋132cm)2cm幅を1本、1cm幅を2本
ベルト芯…接着インサイドベルト30mm幅(クロバー27-797)ウエスト寸法＋持ち出し3cm
ファスナー…20cmを1本
かぎホック…薄型ホックの白(クロバー27-231)1組
スカート丈／75cm

■ 縫い方順序
1. 脇を縫う(p.50参照)
2. ファスナーをつける
3. ウエストベルトをつける
4. 裾の始末をし、テープをつける
5. かぎホックをつける(p.36参照)

●裁ち合わせ図
( )内は縫い代、指定以外は1cm
は伸び止めテープを貼る

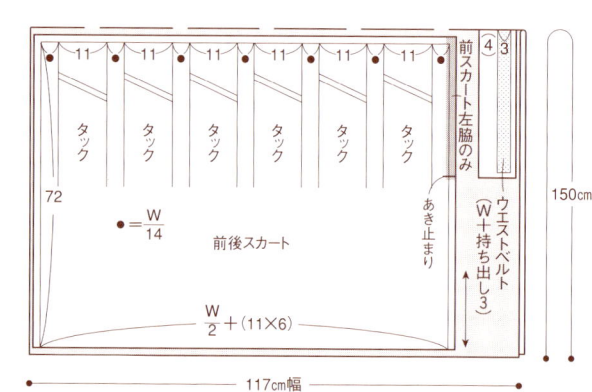

タック（11×6本）
前スカート左脇のみ
$\bullet = \frac{W}{14}$
前後スカート
$\frac{W}{2} + (11 \times 6)$
ウエストベルト(W＋持ち出し3)
あき止まり
72
150cm
117cm幅

●ファスナーのつけ方

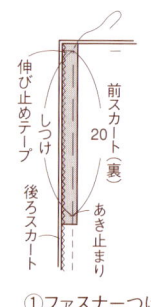

① ファスナーつけ位置に伸び止めテープを貼り、前後スカートを中表にあわせてしつけをかける
② 前スカートはでき上がりに折る
③ 後ろスカートは縫い代を0.2cm控えて折る
④ スライダーをウエストのでき上がりより0.5cm下に合わせ、待ち針で止める
⑤ しつけをかけ、待ち針を外す
⑥ ファスナーと後ろスカートにミシンをかけ、しつけをとる
⑦ 表に返し、ファスナーと一緒に前スカートにミシンをかける
⑧ ①のしつけをとる

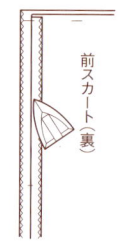

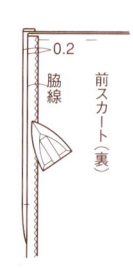

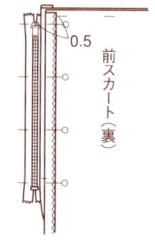

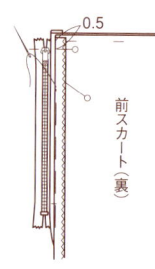

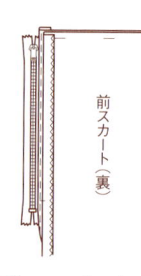

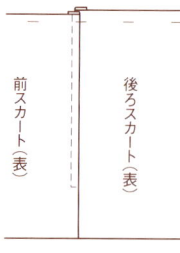

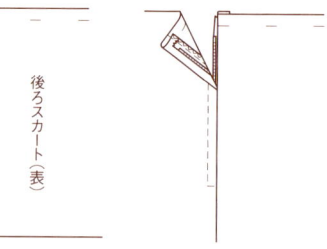

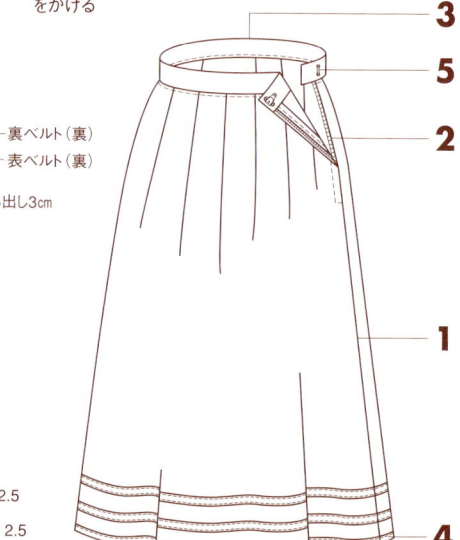

3. ウエストベルトをつける

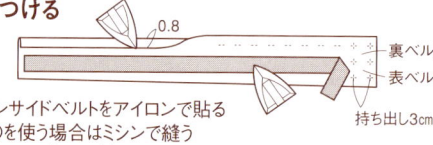

① 表ベルト側に接着インサイドベルトをアイロンで貼る
※接着タイプでないものを使う場合はミシンで縫う
裏ベルト側の縫い代を、0.2cm控えて折る

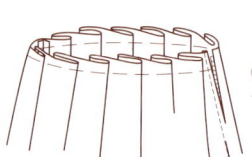

② タックをたたみ、しつけをかける
→以下はp.57③〜⑤参照

4. 裾の始末をし、テープをつける

裾は2cm幅綿テープを二つ折りにしてスカートを挟み、ミシンをかける

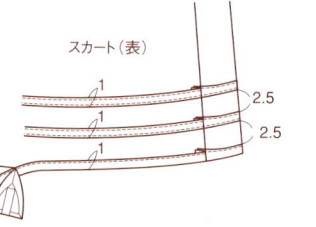

U ベンベルグのスカートをふたつ

■ 材料
布地…ベンベルグ(ニクルス)プリントを各112cm幅×90cm、単色を各94cm幅×90cm
接着芯…各90cm幅×4cm
伸び止めテープ…15mm幅(クロバー77-941)を各42cm
コンシールファスナー…20cmを各1本
皮ひも…1cm幅を各ウエスト寸法+1m

スカート丈／88cm

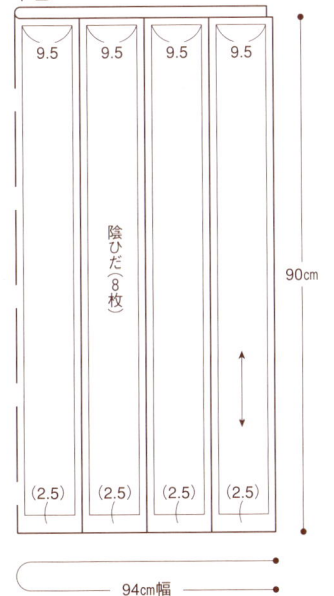

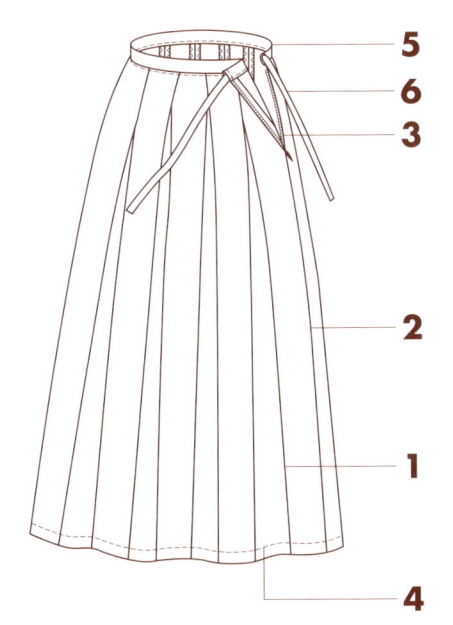

photo → p.26

■ 縫い方順序
1. スカートと陰ひだを縫い合わせる
2. 脇を縫う(p.50参照)
3. ファスナーをつける(p.43参照)
4. 裾の始末をする
5. ウエストベルトをつける
6. ひもを通す

●裁ち合わせ図
( )内は縫い代、指定以外は1cm
▨ は接着芯、▨ は伸び止めテープを貼る

プリント

W/10	W/10	W/10	W/10	W/10	ウエストベルト

左脇 あき止まり
スカート(10枚)
22 W 86 90cm
(2.5) (2.5) (2.5) (2.5) (2.5)
112cm幅

単色

9.5 9.5 9.5 9.5
陰ひだ(8枚)
90cm
(2.5) (2.5) (2.5) (2.5)
94cm幅

1. スカートと陰ひだを縫い合わせる

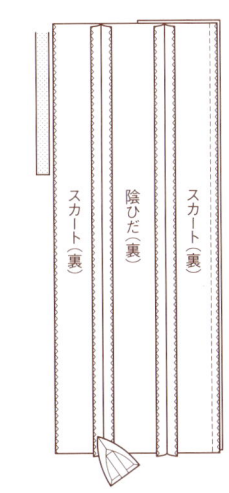

スカート(裏) 陰ひだ(裏) スカート(裏)

スカートと陰ひだを中表に合わせて縫い、縫い代をアイロンで割る

5. ウエストベルトをつける

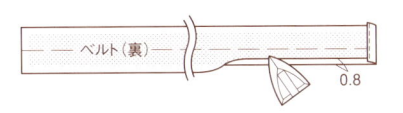

ベルト(裏) 0.8

①縫い代を残して接着芯を貼る
内側になる方は、縫い代を0.2cm控えて折る
両端をでき上がりに折り、ミシンをかける

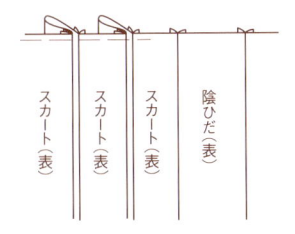

スカート(表) スカート(表) スカート(表) 陰ひだ(表)

②陰ひだをたたみ、しつけをかける。前スカートの陰ひだは右側、後ろスカートは左側に倒す

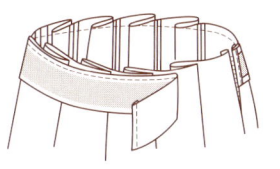

③ウエストベルトとスカートを中表に合わせてミシンをかける

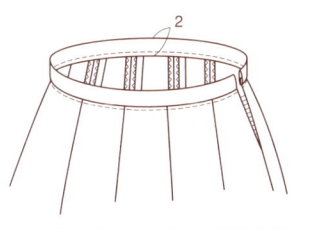

2

④表に返してでき上がりに折り、表から落としミシンをかける

ヨークつきロングプリーツ

■材料
布地…ソフトセーム顔料プリント(サンウェル)134cm幅×184cm
接着芯…92cm幅×20cm
伸び止めテープ…15mm幅(クロバー77-941)を42cm
コンシールファスナー…20cmを1本
かぎホック…スプリングホックの黒ニッケル(クロバー27-327)1組

■スカート丈／83cm

photo → p.27

■縫い方順序
1. スカートの脇を縫う
2. 裾の始末をする
3. プリーツを縫う
4. フラップを作る
5. ヨークの脇を縫う
6. スカートとヨークを縫い合わせる
7. ファスナーをつける(p.43参照)
8. 見返しをつける
9. かぎホックをつける(p.36参照)

●裁ち合わせ図
( )内は縫い代、指定以外は1cm
▓は接着芯、▒は伸び止めテープを貼る

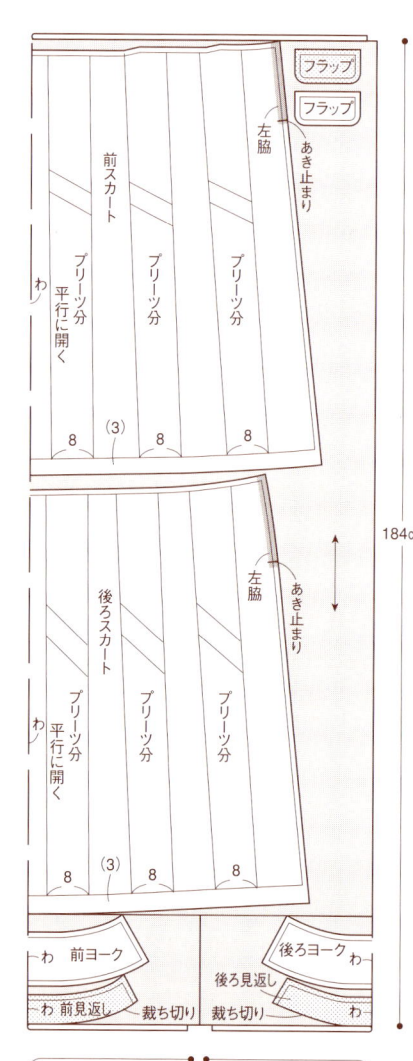

134cm幅 × 184cm

1. スカートの脇を縫う
前後スカートを中表に合わせて脇を縫い、縫い代を割る 
※左脇はあき止まりまで縫う

2. 裾の始末をする

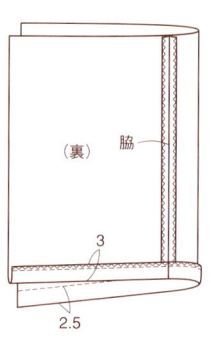

3. プリーツを縫う
プリーツをたたみ、ひだ奥にステッチをかける 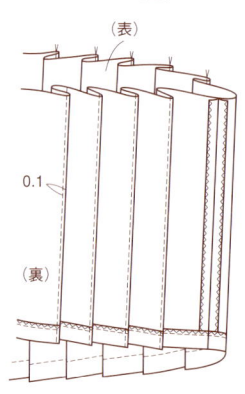

4. フラップをつける
①接着芯を貼り、表裏フラップを中表に合わせて縫う 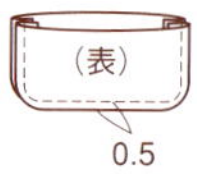
②表に返し、ステッチをかける

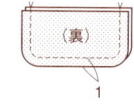

6. スカートとヨークを縫い合わせる
スカートにフラップを仮止めし、スカートとヨークを中表に合わせて縫う
縫い代はヨーク側に倒し、ステッチをかける

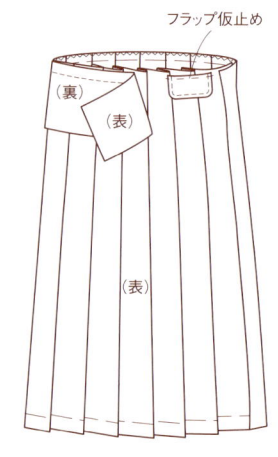

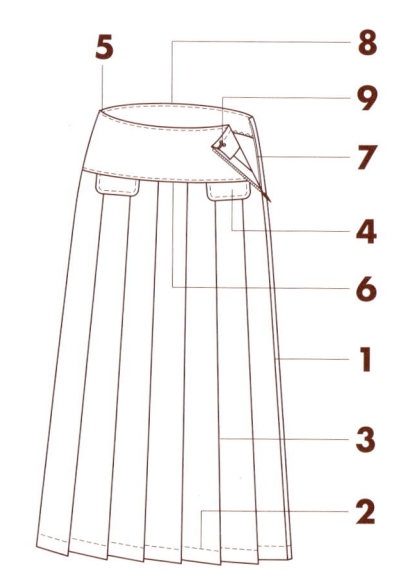

リバティプリントのマーメイド

■ 材料
布地…リバティタナポプリン(ホビーラホビーレ)110cm幅×217cm
伸び止めテープ…15mm幅(クロバー 77-941)をウエスト寸法+44cm
コンシールファスナー…20cmを1本
かぎホック…スプリングホックのニッケル(クロバー 27-326)1組

■ スカート丈／85cm

photo → p.28

■ 縫い方順序
1. 切り替えを縫う
2. ファスナーをつける(p.43参照)
3. 脇を縫う
4. ウエストの始末をする(p.44参照)
5. 裾の始末をする
6. かぎホックをつける(p.36参照)

●裁ち合わせ図
( )内は縫い代、指定以外は1cm
□は伸び止めテープを貼る

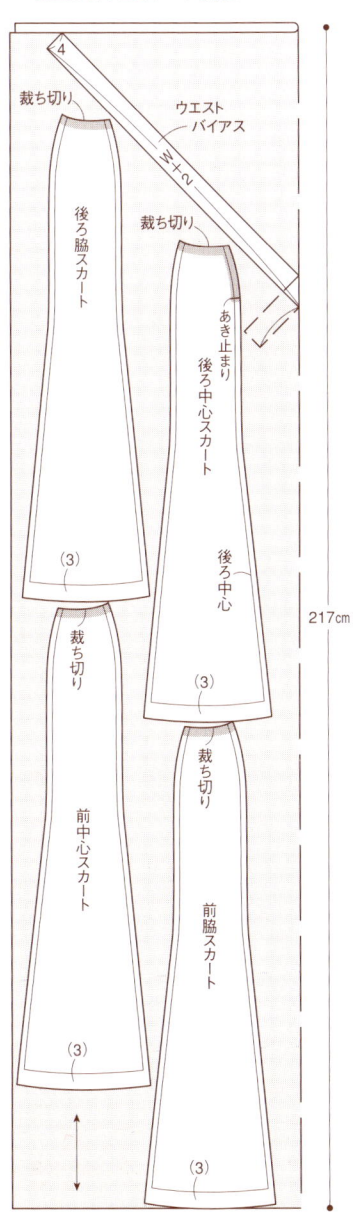

- 後ろ脇スカート
- 後ろ中心スカート
- 前中心スカート
- 前脇スカート
- ウエストバイアス
- 裁ち切り
- あき止まり

217cm / 110cm幅

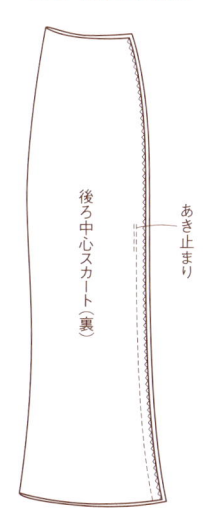

1. 切り替えを縫う
スカートを中表に合わせて切り替えを縫う
※後ろ中心はあき止まりまで縫う

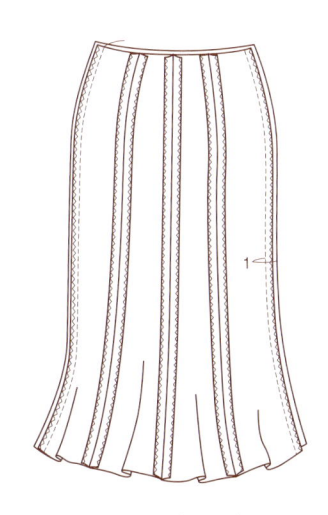

3. 脇を縫う
前後スカートを中表に合わせて脇を縫う

5. 裾の始末をする

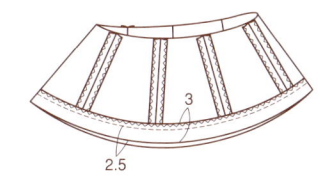

テープメーカー
共布で素早く同じ幅のバイアステープが簡単に作れます。6mm幅、12mm幅、18mm幅、25mm幅/各840円、50mm幅/1,155円(クロバー)

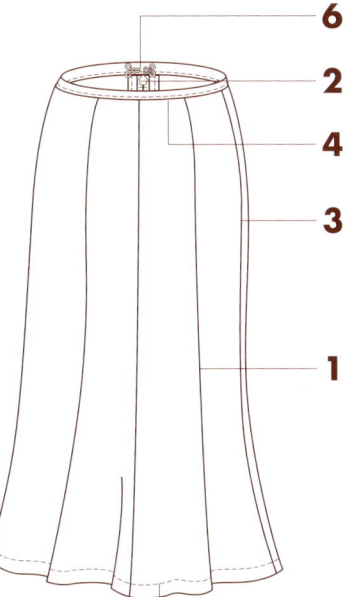

61

ポケットつきマーメイド

■ 材料
布地…麻コードレーン（サンウェル）112cm幅×168cm
伸び止めテープ…15mm幅（クロバー77-941）をウエスト寸法＋44cm
コンシールファスナー…20cmを1本
かぎホック…スプリングホックのニッケル（クロバー27-326）1組
Dかん…25mmのアンティークゴールド（クロバー27-392）を2個

■ スカート丈／65cm

photo → p.29

■ 縫い方順序
1. 切り替えを縫う
2. ポケットをつける
3. ファスナーをつける（p.43参照）
4. ウエストの始末をする（p.44参照）
5. 裾の始末をする
6. かぎホックをつける（p.36参照）

● 裁ち合わせ図
（　）内は縫い代、指定以外は1cm
■は伸び止めテープを貼る

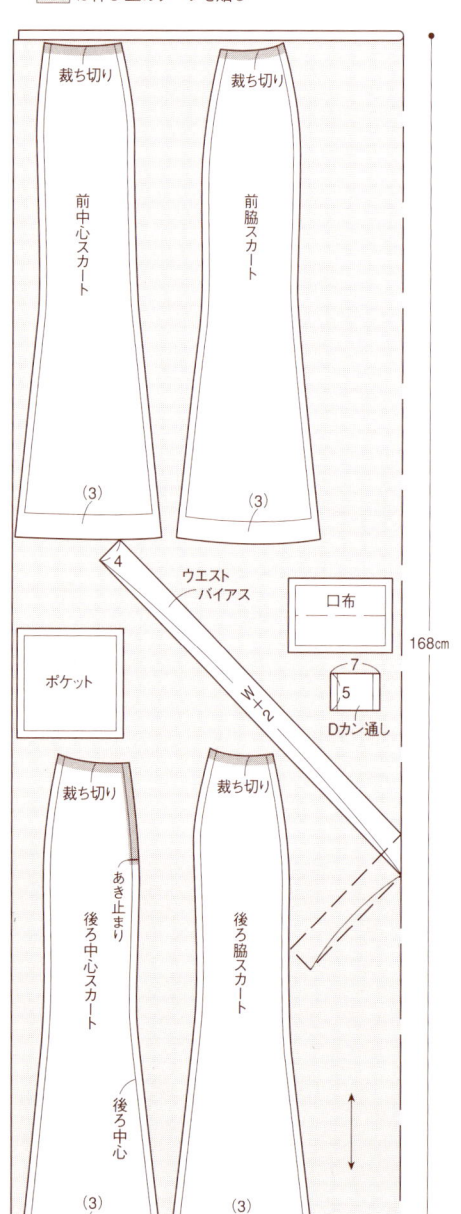

裁ち切り / 前中心スカート / (3)
裁ち切り / 前脇スカート / (3)
ウエストバイアス / W＋2
口布
ポケット
Dカン通し 7 / 5
裁ち切り / あき止まり / 後ろ中心スカート / 後ろ中心 / (3)
裁ち切り / 後ろ脇スカート / (3)

168cm
112cm幅

1. 切り替えを縫う

後ろ中心スカート（裏）
あき止まり

スカートを中表に合わせて
切り替えを縫う
※後ろ中心はあき止まりまで縫う

2. ポケットをつける

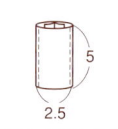

5
2.5

① Dかん通しを作る

二つ折り
Dカン
（表）

② ポケットにDかん通しを仮り止めする

口布（裏）
ポケット（表）

③ ポケットと口布を中表に合わせて縫う

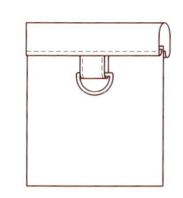

④ 口布をでき上がりに折ってステッチをかける

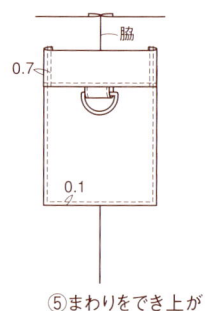

脇
0.7
0.1

⑤ まわりをでき上がりに折り、スカートの脇に縫いつける

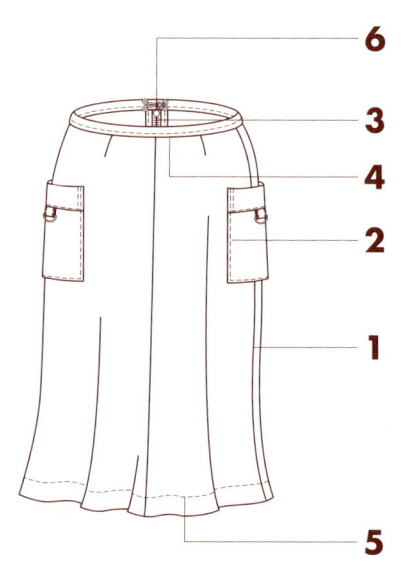

オックスのセミタイト

■ 材料
- 布地…オックス顔料パラフィン(サンウェル)108cm幅×122cm
- 接着芯…92cm幅×40cm
- ファスナー…17cmを1本
- ボタン…直径1.5cmを1個

■ スカート丈／58cm

photo → p.30-31

■ 縫い方順序
1. 切り替えを縫う
2. 前後ポケットをつける
3. 前あきを縫う
4. 脇を縫う
5. ウエストの始末をする
6. 裾の始末をする
7. ボタンホールをあけ、ボタンをつける(p.36参照)

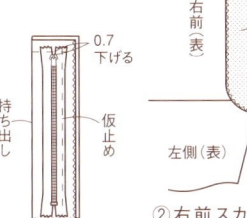

● 裁ち合わせ図
( )内は縫い代、指定以外は1cm
▨ は接着芯を貼る

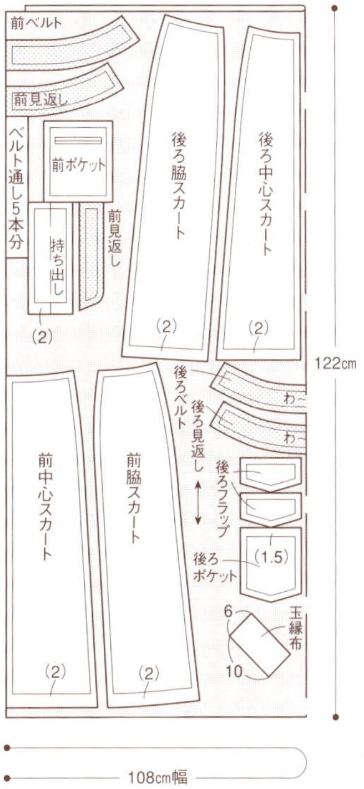

パーツ：前ベルト、前見返し、ベルト通し5本分、前ポケット、後ろ脇スカート、後ろ中心スカート(2)(2)、持ち出し、前見返し、後ろベルト、後ろ見返し、わ、わ、前中心スカート、前脇スカート(2)(2)、後ろフラップ、後ろポケット(1.5)、玉縁布 6/10

108cm幅 / 122cm

1. 切り替えを縫う
あき止まり (裏)

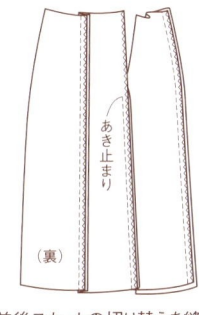

前後スカートの切り替えを縫う
縫い代は中心側、前後中心は右側に倒し、ステッチをかける

2. 前後ポケットをつける
■ 後ろポケット 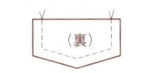
① フラップを中表に合わせて縫う 0.5
② 表に返し、ダブルステッチをかける 0.1 / 0.5 (表)
③ ポケット口を三つ折りにしてステッチをかける 0.7 (表)
④ ポケットとフラップを後ろスカートに縫いつける 0.1 / 0.5

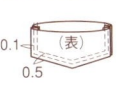

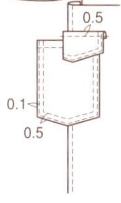

■ 前ポケット 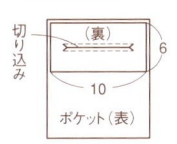
① 前ポケットに玉縁布を重ねて縫い、切り込みを入れる 切り込み 6/10 ポケット(表)(裏)
② 玉縁布を裏側に引き出し、縫い代を割って整える ポケット(表)
③ 玉縁布のまわりに落としミシンをかける 玉縁布の両端に止めミシンをかける 落としミシン 3回止めミシン ポケット(表)
④ 前スカートに縫いつける 0.1 / 0.5 / 1 / 0.5

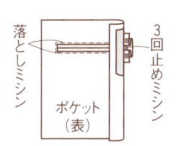

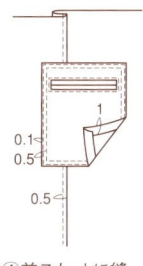

3. 前あきを縫う
① 持ち出しを外表に二つ折りにし、ファスナーを仮止めする 0.7下げる 持ち出し 仮止め
② 右前スカートに前見返しをつける 右前(表) 見返し 左側(表) 0.3出して折る 前中心 見返し(表) 右前(裏)
③ 見返しを表に返し、前中心にステッチをかける 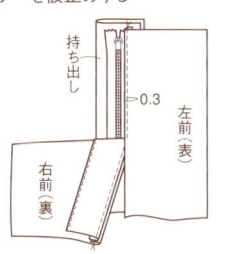
④ 左前スカートに持ち出しをつける 0.3 持ち出し 左前(表) 右前(裏)
⑤ 見返しにファスナーをつける 持ち出し 見返し(表) 右前(表)
⑥ 持ち出しをよけ、表から見返しに沿ってステッチをかける 持ち出しをよける 左前(表) 右前(裏) 持ち出しまで通して止めミシン

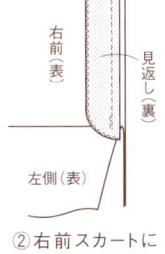

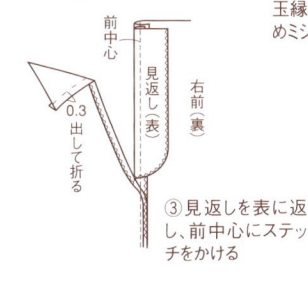

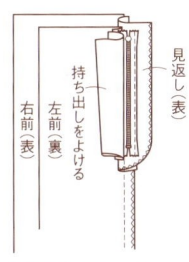

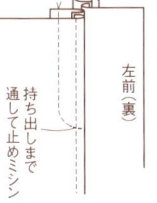

完成図：7, 5, 3, 2, 1, 4, 6

profile

渡部サト　Sato Watanabe
手作り派。
1971年、いわき市生まれのイワキジェンヌ。
作家名(渡部サト)は、手作りの師匠である祖母から。
「シンプルさのなかにほんの少し個性をプラスする、さり気ない格好良さ」がデザイン信条。
スカート大好き!スカート愛好家。
著書に『シンプルで愛しい古裂のバッグ』『直線縫いでざくざくできるスカート』
『ウエストゴムの形いろいろキレイめスカート』(小社刊)、
『きものリフォームnewスタイルブック』(永岡書店)がある。

staff

アートディレクション ■ 釜内由紀江(GRiD)
デザイン ■ 中村知子(GRiD)
撮影 ■ 安田仁志
モデル ■ みずき
イラスト ■ 八文字則子
作り方原稿整理&パターングレーディング ■ 小島恵子
手作り協力 ■ 湯本美江子、今井歌子、喜里江
助っ人 ■ 新妻理恵
編集&スタイリング ■ 坂本敦子

素材協力
【用具&材料】
クロバー株式会社 お客様係
〒537-0025
大阪市東成区中道3-15-5
tel.06-6978-2277

【布地】
株式会社サンウェル 日本橋店
〒103-0011
東京都中央区日本橋大伝馬町7-9 サンウェルビル
tel.03-3249-8901
*サンウェルの布地は参考商品です。

株式会社ニクルス
〒578-0981
大阪府東大阪市島之内2-9-30
tel.0729-64-8832

株式会社ホビーラホビーレ
〒140-0011
東京都品川区東大井5-23-37
tel.03-3472-1104

5サイズの実物大型紙つき 美しシルエットのスカート

2005年3月30日　初版発行
2006年8月20日　4刷発行

著　者　　渡部サト
発行者　　若森繁男
発行所　　株式会社 河出書房新社
　　　　　〒151-0051
　　　　　東京都渋谷区千駄ヶ谷2-32-2
　　　　　電話　03-3404-8611(編集)
　　　　　　　　03-3404-1201(営業)
　　　　　http://www.kawade.co.jp/
印刷・製本　大日本印刷株式会社

© 2005 Sato Watanabe
© 2005 Kawade Shobo Shinsha, Publishers
Printed in Japan

ISBN 4-309-28002-1

定価は表紙に表示してあります。
落丁・乱丁本はお取替えいたします。
本書の無断転載(コピー)は著作権上での例外をのぞき、禁止されています。